小学校社会の授業づくりはじめの一歩

Yaginuma Koichi
柳沼 孝一

明治図書

はじめに

会津若松市立謹教小学校。

初任の勤務校です。

「謹んで教える学校とは、会津藩の伝統を感じるな…」

「会津若松市は住みやすいのかな…」

など、期待と不安いっぱいで昭和63年に着任したことを鮮明に覚えています。


はじめに受けもったのが3年生です。

学級づくりがうまくいきませんでした。

「○○先生に代わってほしい」とまで言われました。

授業が楽しくなくて、わかりにくかったのです。

中でも、一番困ったのが社会科の授業でした。

地域のことがまったくわからないからです。

国語、算数、理科、体育などは校内で教材研究ができます。

しかし、3年の社会科は、校外での実地踏査が絶対に必要です。

そこで、休日のたびに街歩きをし、会津漆器や会津絵ろうそくなどを調査しました。

アウトドアが大好きな私には、ぴったりの教材研究法でした。

そのうち、社会科の教材研究が大好きになりました。

「行ってみたい」「観てみたい」「食べてみたい」という「たい」が泳ぎ、「へえ、そうなんだ！」という発見の喜びに、身体中が満たされました。

「これだ！　社会科の授業を楽しくするコツは」


私は、今もアウトドアを楽しんでいます。

キャンプや登山では、たくさんの体験や調査が行われ、まさに能動的な活動の集合体ともいえます。

そして、今話題のアクティブ・ラーニングも、能動的な学修による汎用的能力の育成を目的としています。

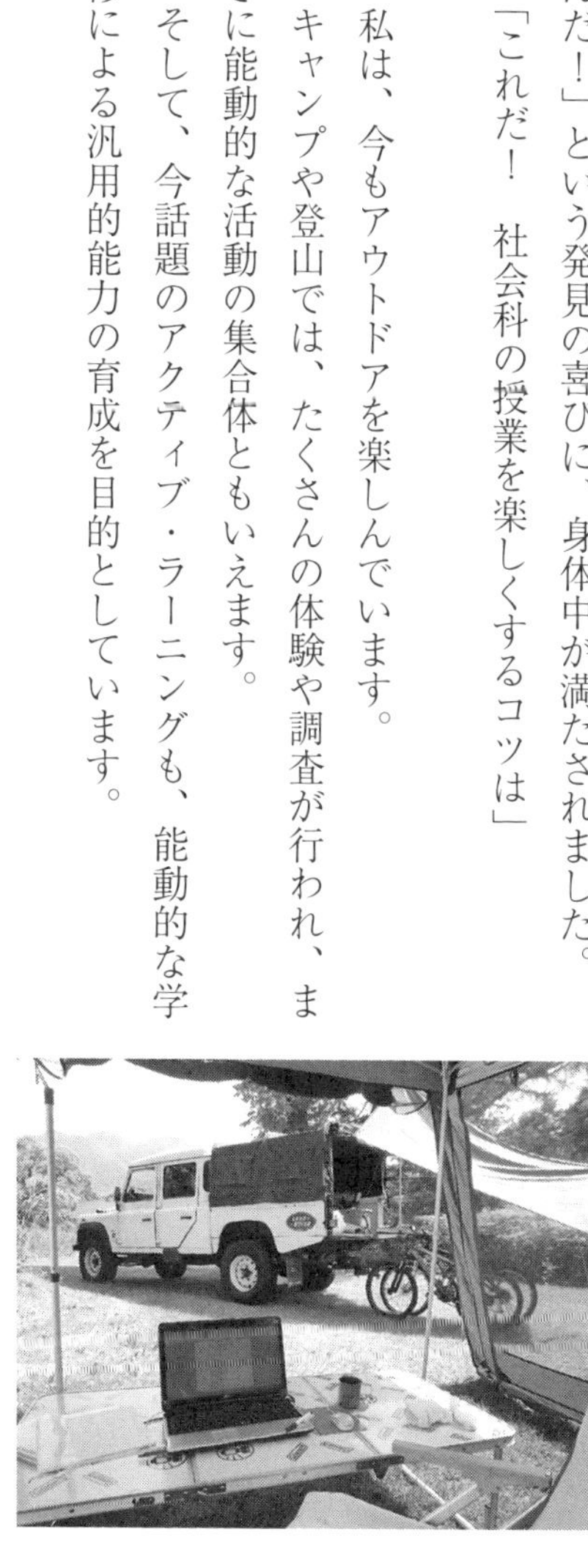

本書の執筆のほとんども、キャンプ地で行いました。

「書き表したい」「考えてみたい」「振り返ってみたい」という「たい」が、裏磐梯のキャンプ地でたくさん泳ぎました。

本書は、社会科の楽しさに気づいた初任以来、28年間の学級担任としての授業経験をもとに、これから社会科の授業を始める先生、社会科の授業がつまらない先生、社会科の授業をもっと楽しくしたい先生に、

「力がつく、楽しい、わかる社会科の授業をつくろう」

というメッセージを伝えるものです。

明日からの「はじめの一歩」をともに踏み出す先生が増えれば幸いです。

最後になりましたが、出版にあたり教育書編集部の矢口郁雄氏には大変お世話になりました。心から感謝いたします。ありがとうございました。

２０１６年２月

柳沼　孝一

もくじ

第2章 まずはこれだけ押さえよう！

第4章 授業を楽しくする術を身につけよう！

教材研究術

発問術

板書術

ノート術

新聞術

見学術

第5章 新しい授業に挑戦しよう！

アクティブ・ラーニングによる社会科授業

ＩＣＴを活用した社会科授業

第 1 章

とにかく社会科が大好きだ！

Chapter 1

教師が社会科好きになる

「先生は社会科のどこが好きなのですか?」

と、教育実習生に尋ねられたことがあります。

正直、答えに困りました。

小学生の時分、よく歴史漫画を読みました。越後の虎と言われた上杉謙信が大好きになり、大学は上越市、春日山城跡の麓にあるキャンパスで学びました。

しかし、「だから、社会科が好きになったのか?」と、言われるとそうでもありません。

むしろ、教える立場(教師)になって少しずつ社会科が好きになりました。

社会科の教材研究を通して、上杉謙信をはじめ、織田信長や野口英世など先人の知恵に改めて感動したこと。初任地の会津若松で漆器の伝統文化を後世に伝えようとがんばっている人々の工夫や努力にふれたこと。**「私が感動したことやふれたことを、何としても子どもたちに伝えたい」という思いが、私を社会科好きの教師にしていった**のだと思います。

また、社会科が大好きな多くの先輩教師に出会えたことの影響も大きなものです。

ある先輩は「現場１００回」「弟子入りしてきなさい」が口癖でした。「現場１００回」とは、**「実地踏査は、１回や２回じゃわからない。１００回行ってやっとその素材が教材化できる」**という意味です。「弟子入りしなさい」は、福島市の果樹園農家の仕事を教材化するときに言われた言葉です。**「柳沼くん、弟子入りしないと農家の仕事は授業にできないな。話を聞いて観ているだけじゃダメだよ。一緒に働かないと」**と。

社会科好きな先輩から言われたことの半分もできていませんが、今、その言葉の意味はよくわかります。

この章では、そんな社会科好きの教師になるためのキーポイントを紐解いてみたいと思います。「もしかしたら、自分も社会科好きの教師になれるかもしれない」という気持ちに少しでもなっていただければ幸いです。

それはもう社会科好き教師としての「はじめの一歩」なのです。

よい授業を観て、まるごと真似る

唐突ですが、「よい授業」とはどんな授業なのでしょうか？

私はシンプルに**「楽しく、わかる授業」**と、とらえています。

もう少し具体的にいうならば、次の3点です。

●ねらいが明確な授業

●子どもと教師に笑顔があふれる授業

●「えっ！」「どうして？」と「なるほど！」が聞こえてくる授業

そして、よい授業をするには、**よい授業を観る**ことです。そして、**真似る**ことです。教材はもちろん、発問や板書、語り口調、間の取り方まで、まるごと真似ます。

私は、初任者だった昭和63年に衝撃的な授業を観る機会に恵まれました。筑波大学附属小学校の松本格之祐先生が、飛び込み授業を私の学級でやってくださったのです。逆立ち感覚を育てる体育の授業でした。初任だった私の学級（3年生）は、指示や指導が通らず大変でした。しかし、松本先生のリズム太鼓の音、明確な指示、一瞬にして集中させる技、笑いを巻き起こす語り口調が、私の学級を一変させたのです。変容する子どもたちの姿に驚きました。授業後、子どもたちから次のように言われました。

「明日から、担任は松本格之祐先生がいい。柳沼先生とかわってほしい！」

悔しさと悲しさでしばらく立ち上がれませんでしたが、先輩から「真似ることから始めなさい」と諭されました。子どもたちから「格之祐先生の偽物」としばらく言われましたが、授業にリズムとテンポが生まれ、笑顔が増えたのは確かです。

以来28年間、「よい授業を観たら真似る」をモットーにしています。続けてきた結果、見えてきたことがあります。**真似ることから自分流の授業ができていく**のです。

よい授業を観る

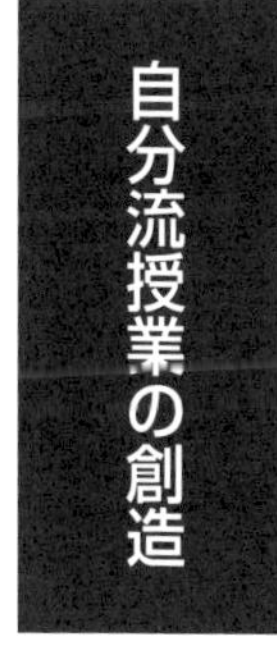

ネタをつかむと、授業が楽しくなる

世界遺産・醍醐寺には「醍醐水」という名水があります。その味はまさしく〝醍醐味〟だそうです。武士の世の中を支配した豊臣秀吉が盛大に催した醍醐の花見でも醍醐水が使われたそうです。その醍醐水が、今の時代は通販で入手できます。秀吉も飲んだ名水を教室に持ち込むだけで、子どもが夢中になる楽しい授業ができます。

このように、社会科授業の醍醐味は、教科書に書いてあることをそのまま教えることではなく、**楽しく教えるネタをつかむ**ことなのです。

ネタをつかむポイントは、次の3点です。

❶地域で活躍する「人」や歴史的事象を伝える「もの」を見つける。

❷文章や絵、図、写真から「えっ！」「どうして？」を見いだす。

❸地域で働く人や先人の工夫（知恵）、葛藤、努力（やる気、粘り）などを探る。

5年「わたしたちの生活と森林」を例に、ポイント❶〜❸について説明します。

❶地域で活躍する人と出会う

Aの写真は、地域の林業の様子です。

Bの写真は、林業に従事する伐採師のFさんです。

❷写真から「えっ!」「どうして?」を見いだす

Cの写真でFさんが持っているのは鹿の角です。授業で、「えっ!」「どうして?」という問いが生まれる写真です。

❸地域で働く人の葛藤や努力を探る

Fさんは、京都市の京北で伐採師を30年間続けている大ベテランです。しかし、Fさんには、京都市から委託されているもう1つの仕事があります。それは猟師です。

Fさんを訪ね、取材したときの次の言葉が、授業づくりの柱となりました。

「森林を守り育てる私が、なぜ森にすむ動物たちを殺さなければならないのか」

Fさんは、森林を守り育てる一方で、木に害を与えるとはいえ、同じ生き物を駆除しなければならない心の葛藤を抱えているのです。Fさんの心の葛藤とともに、30年間にわたる森林保護の努力をネタにした授業が構想できます。

教科書に書かれていることをそのまま授業するのでは、森林保護のための植林や間伐の作業内容、林業の現状を知ることで終わりです。ここに、**伐採師のFさん(人)が登場し、仕事における葛藤や努力に迫ることで、授業がグンと楽しく、深くなる**のです。

「いちばん」に注目すると社会科はおもしろい

「社会科は足で稼げ」「現場100回」などと新採用のころよく先輩に言われました。

これらの言葉は何を意味するのでしょうか？

社会科は現場主義です。現場主義に徹した有田和正先生は、

「ネタ開発ができるかどうかは、『問題意識』と『何でも見てやろう意識』がどれだけあるかによって決まる」

とよく話されていました。ネタ開発ができる教師は高い意識とそれを支える行動力をもち合わせているのです。

しかし、ネタを一から開発することは、経験を積んだ教師のみが成せる業です。まずは、教科書の内容を膨らませる教材研究から楽しく授業をつくることを目指しましょう。

教材研究のポイントは、**社会的事象の「いちばん」を突き止め調査・取材する**ことです。

具体例をいくつかあげてみましょう。

●3、4年「地域の社会的事象のいちばん」

例えば、ごみがいちばん少ない地区はどこかを突き止め、そのわけを調査する。

●5年「我が国の国土の自然や産業に関する事象のいちばん」

例えば、米づくりで作業時間がいちばん多い仕事を突き止め、そのわけを調査する。

●6年「歴史的事象や政治的事象に関するいちばん」

例えば、長篠の戦いで勝利にいちばん貢献した人物を突き止め、そのわけを調査する。

❶いちばん多いを教材化した授業①「ビール1杯30万円」

1　市や町で、交通事故がいちばん多く発生している所はどこかを突き止める

福島警察署管内でいちばん交通事故が発生している所は「岩谷下交差点」である。

2　その原因を調査し、現場に行って確かめる

国道4号と国道115号が交差し、1日の自動車の交通量が6万台。歩行者、自転車交通量は2500人と多い。なぜ交通事故が多いのかが現場から見えてくる。

３　交通事故発生件数を減らすための対策を取材し、問題解決の資料とする

・飲酒運転への警告を促す立て看板の設置

・大型で見やすい「思いやり信号機」の設置

・交差点の安全を見守る交通指導員のＳさん

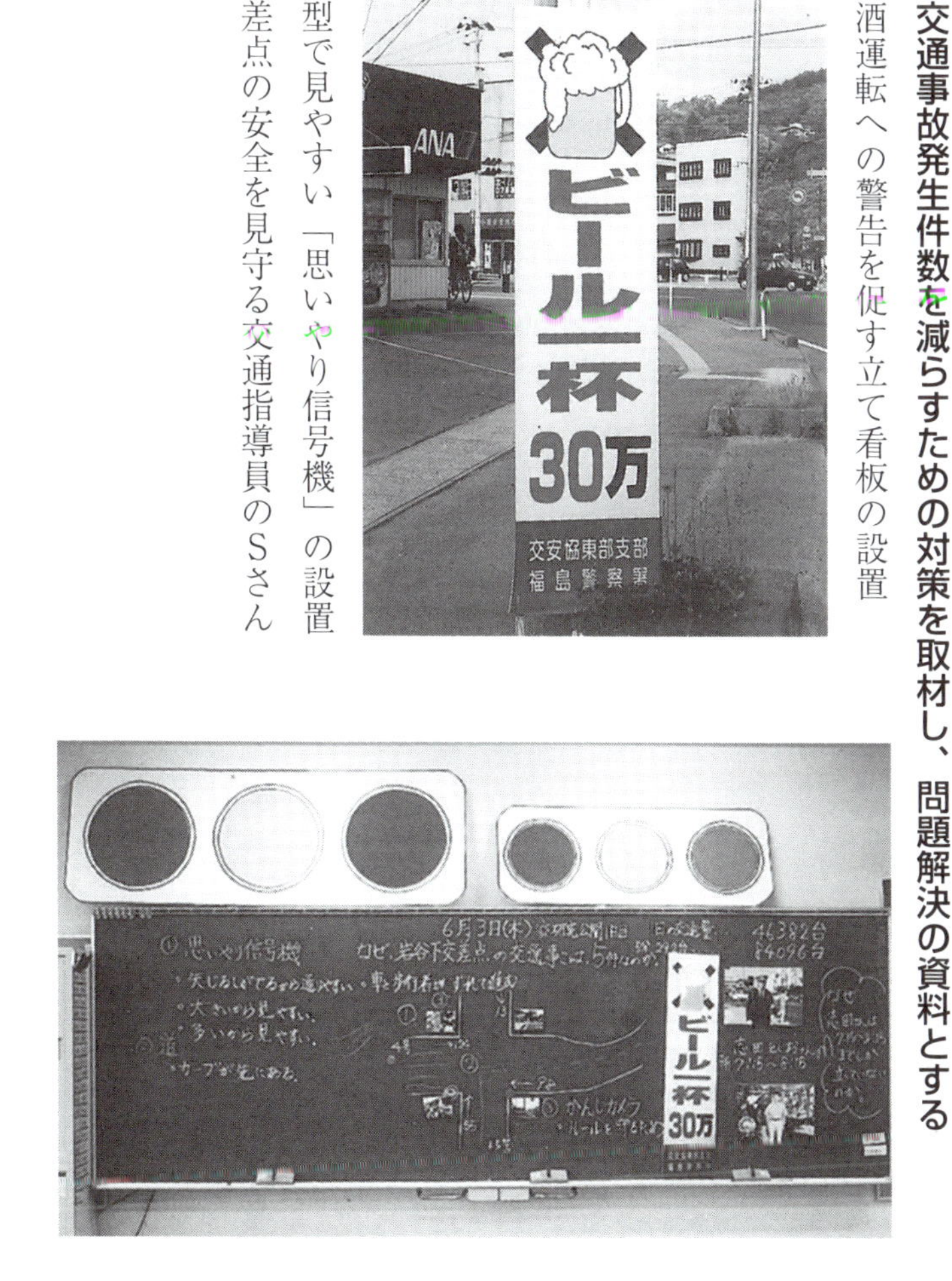

❷いちばん多いを教材化した授業②「離島の情報ネットワーク」

5年の情報の学習では、地域の病院や診療所と総合病院がネットワークでつながっている事例が教科書に紹介されています。

そういった情報化の利便性をとらえさせるために、離島の数がいちばん多い長崎県の「あじさいネット」を取り上げた教材です。

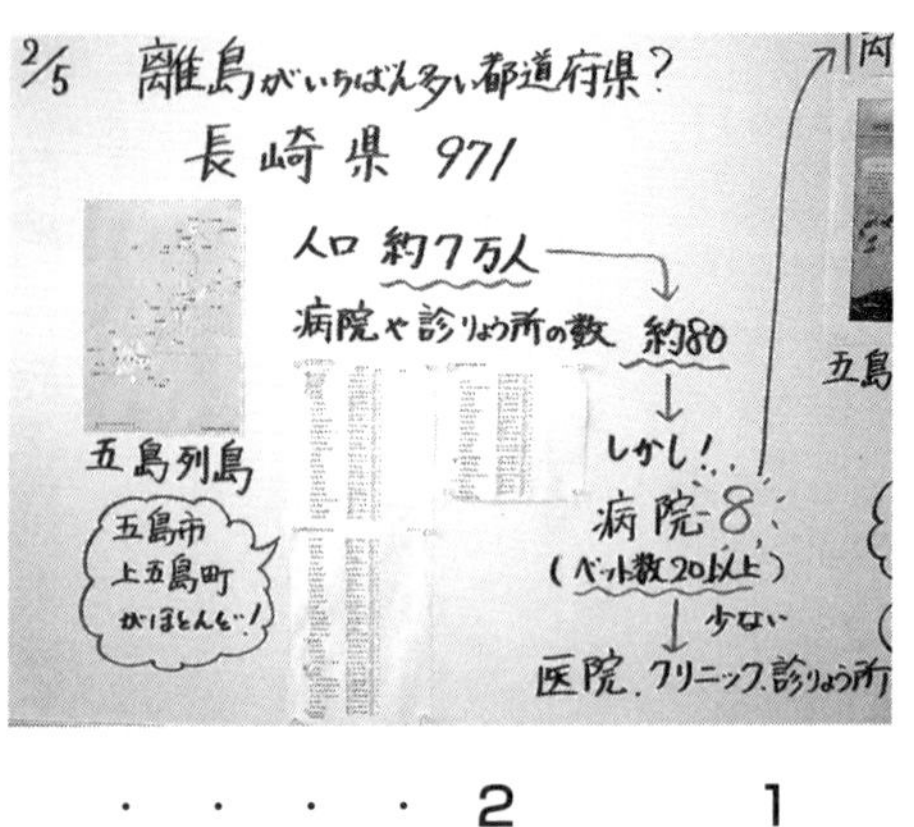

1 離島がいちばん多い都道府県はどこかを突き止める

長崎県で971の離島がある。

2 離島「五島列島」の医療環境を調べる

・五島列島の人口は約7万人
・医療機関（病院、診療所）の数は約80か所
・病院（床数が20以上の医療機関）の数は8か所
・医療機関のほとんどが五島市と上五島市に集中

❸離島の医療機関と患者の悩みから、情報ネットワークの利便性を考える

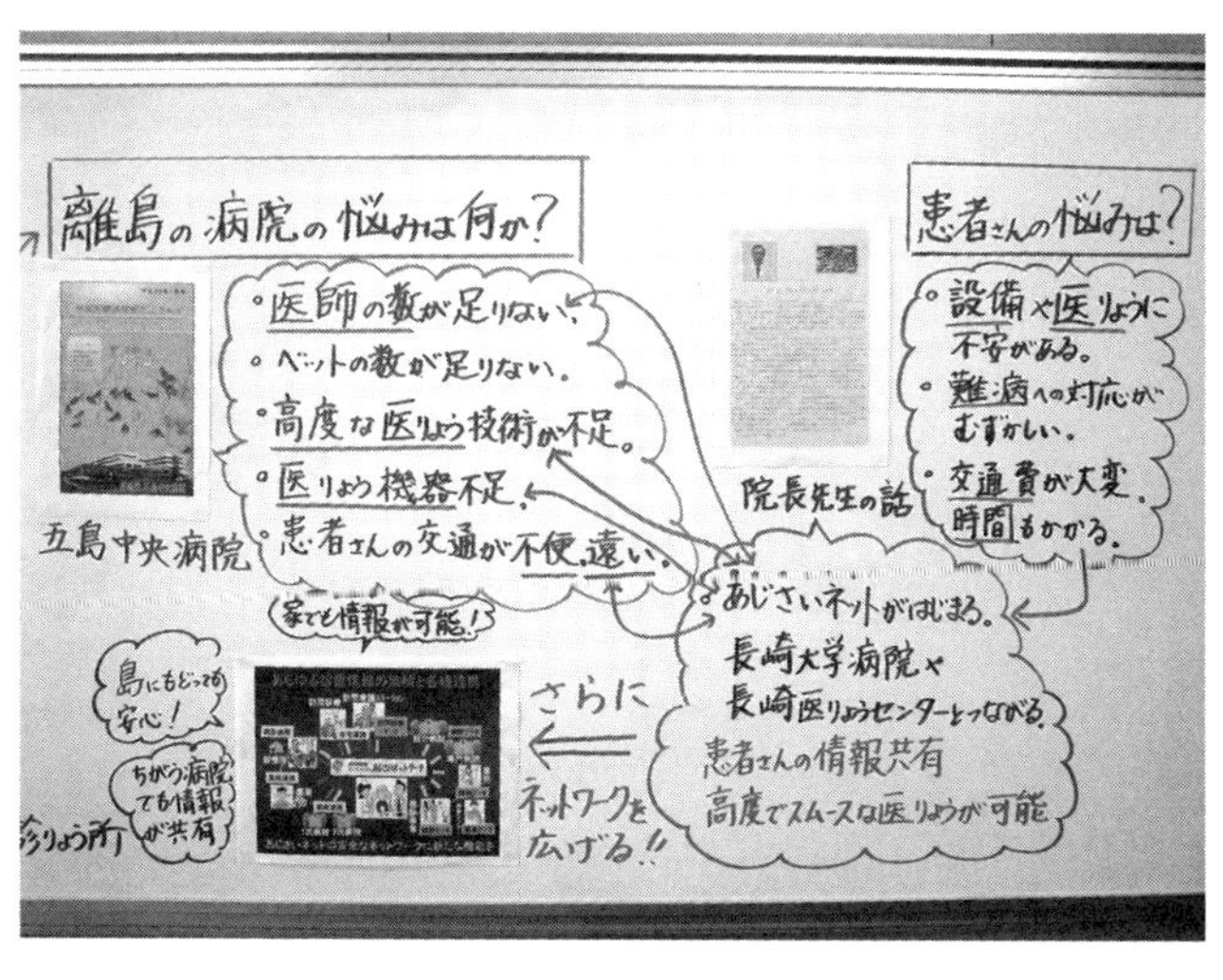

医療機関の悩みは、「医師不足、医療機器や設備不足、高度な医療情報・技術の不足」などです。

一方、患者の悩みは、「医療不安、難病への対応不安、時間と交通費の負担」などです。双方の悩み解決策に「ＩＴを使った医療ネットワーク」が役立っているのです。

離島には高齢者が多く、交通や費用面の負担が大きいことが悩みでした。授業で取り上げた五島列島の病院では、２０１３年から医療ネットワークの運用が始まり効果を上げています。

子どもを社会科好きにする

では、**授業を受ける子どもたちは、社会科が好きなのでしょうか？**

ベネッセが２０１４年に実施した「小中学生の学びに関する実態調査」（小学４年生〜中学２年生対象）において、教科ごとの「好き」の割合の報告がされました。

調査では、小学生の６８・３％、中学生の６４・１％の子どもたちが、社会科を「とても好き」「まあ好き」と答えています。小学校では、算数が７１・０％、理科が８３・５％なので、決して高い数値とは言えないでしょう。

社会

	小学4年生	小学5年生	小学6年生	中学1年生	中学2年生
とても好き	23.3	23.2	29	23.2	27.4
まあ好き	45.7	44	39.8	38.3	39.1

社会科好きにする2つの重要ポイント

先の実態調査の結果で、社会科だけにある特徴的な傾向がみられました。

国語、算数、理科、道徳は、小学4年生で「とても好き」の割合が最も高く、学年が進むにしたがってその割合は低下していきます。

ところが**社会科では、小学4、5年生よりも小学6年生の方が「とても好き」の割合が高くなっている**のです。

実は、このことから、子どもを社会科好きにするための2つのポイントが見えてきます。

❶中学年で学び方を学ばせ、追究する社会科の醍醐味を味わわせる。
❷歴史人物の生き方にロマンを感じさせる。

ポイント❶、❷について具体例を見ていきましょう。

❶社会科との出会いの時間「ガイダンス」で学び方を教える

社会科との出会いの時間に行う「ガイダンス」は大切です。

3年生の子どもたちにとって、社会科は未知の教科です。ガイダンスの目的は、社会科の学び方をキーワードで理解させることです。**「はてな？」**を解決して**「わかった！」**になるまで**「しらべる」「やってみる」「かんがえる」「いってみる」**の4つをキーワードにして学習を進めていくことを押さえます。

社会科がスタート
学習で大切にすること
はてな？
わかった！

？と！はどうすればできるのか
(し)らべる
(や)ってみる
(か)んがえる
(い)ってみる

京都タワーからしらべる

京菓子店にいってみる

3年生　社会科の学び

生活の中に「？はてな」がたくさん。「！わかる」まで調べよう

し　〇　〇　〇
や　〇　〇　〇　〇
か　〇　〇　〇　〇
い　〇　〇　〇　〇

☆こんな学習をやります

春…　立命館小学校のまわりにはどんなたて物があるのかな？どんな通りがあるのかな？どんなしごとをしているのかな？まちにあるたくさんの？をみつけ調べていきます。歩いたり、地下鉄にのったり、京都タワーにのぼったりして京都市のようすを調べよう。

夏…　京やさいを作っている人をたずねましょう。京やさい？作り方は？どこへ行くと調べられるかな？できた京やさいのゆくえは？

秋…　つくられたものが店で売られています。どんな店が何を売ってるの？店の人はどんなしごとをしているの？売るためのくふうは何？あなたが店長だったらどんな店づくりをしたい？

冬…　昔の道ぐやくらしについて調べます。今つかっている道ぐの〇〇は昔〇〇だった！昔の人はくらしをよくするためにすごいくふうをしていたよ！えっ、どんな？

※「地図記号」「方位記号」「地図の見方」「京都市の山や川」「京都市 11 区」「京都市の世界遺産(いさん)や国宝」なども調べるよ！

社会科は、自分がすんでいるまちのようすや、はたらいている人のようすを調べていきます。なぜだろう？おかしいな？どうなっているのかな？いろいろ調べてみましょう。じっさいに行って見たり聞いたりしてみましょう。「わかった！」の感動がうまれます。

☆３年生の社会科で楽しみにしていることをかきましょう。

ガイダンスで使用したプリント

❷歴史人物の生き方にロマンを感じさせる

「卑弥呼」を例に、歴史人物の生き方にロマンを感じさせるための授業の流れを紹介します。

1　人物に関する知識をそろえる

6月24日　むらからくにへ
No. 7/10
卑弥呼
（3世紀ごろ）
・邪馬台国の女王
（約30の国）
・占いをして人々をひきつける
・女の召使い1000人
・いつも兵士が守る。
・人には会わない。
・中国（魏）に使者を送る。
布や奴れい（生口）

人物に関する知識の差をそろえることなく授業を進めてしまうところに、歴史嫌いを生む一因があります。そこで、**知識を一定にそろえるところから授業をスタートさせる**ようにします。

「『ひみこ』を漢字で書きましょう」

「いつの時代の人ですか？」

「教科書の○ページから○ページまでを読んで、わかったことを箇条書きにまとめましょう」

（この学習活動は、5分程度で行います）

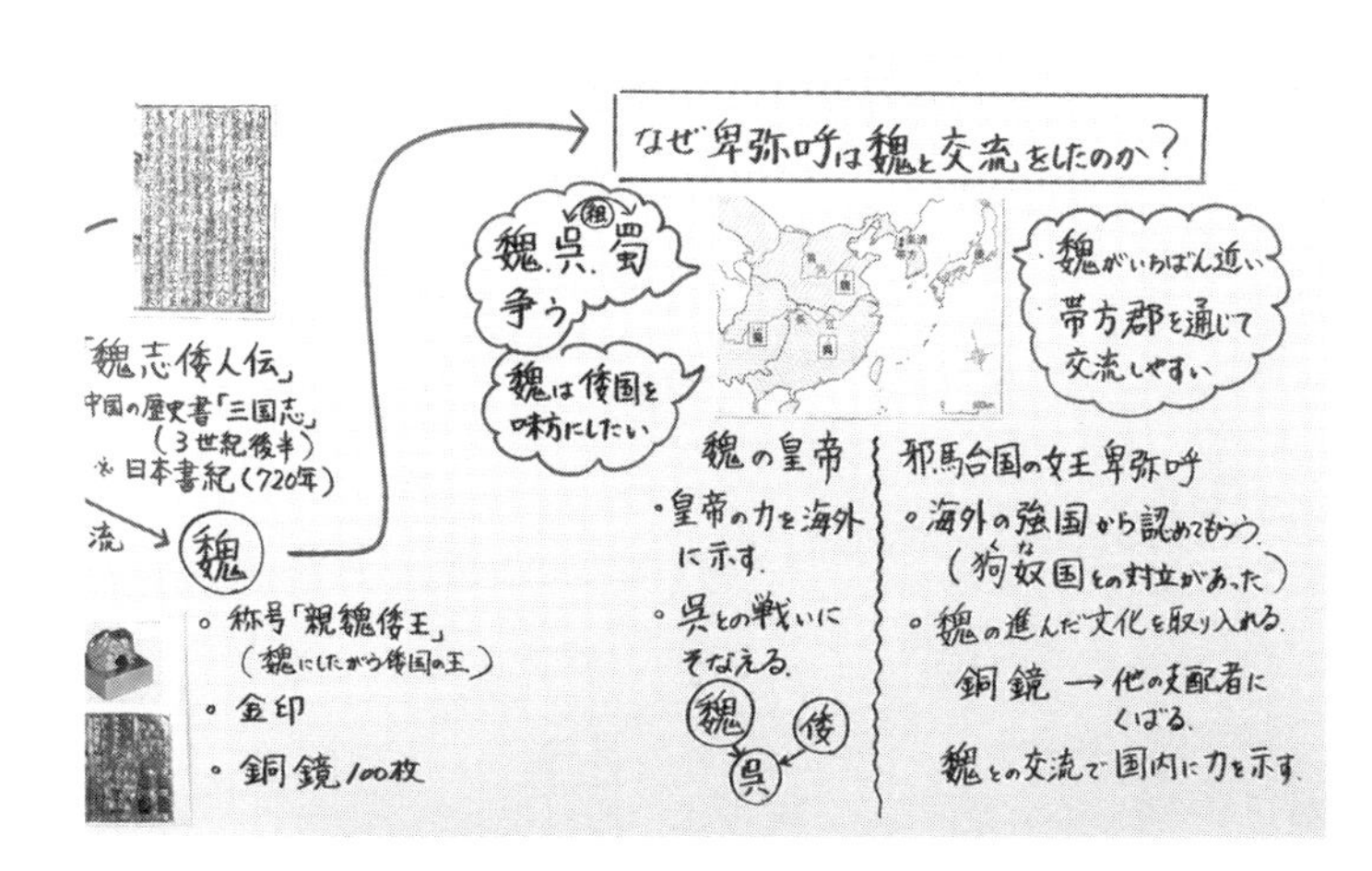

2　人物の説明から「はてな？」を見いだす

「邪馬台国はどこにあったのかな？」

「占いは当たったのかな？」

「召使に何をさせていたのだろう？」

「だれかに命を狙われていたのかな？」

「人に合わない理由はなぜかな？」

「なぜ『魏』と交流をしたのかな？」

3　人物に迫る「はてな？」を取り上げる

一問一答の「はてな？」は即解決します。ここでは、卑弥呼が「魏」と交流したわけを、当時の勢力図をもとに読み取ります。

交通手段が未発達なこの時代に外交をも視野に入れていた女王・卑弥呼の政治家ぶりにロマンを感じることができます。

調べる楽しさで社会科が好きになる

調べること、それは社会科の楽しさの1つです。個人での追究、集団での追究それぞれに楽しさがあります。

T子は、消防署見学で消防士のAさんに「夕食は何時か?」という自分だけの「はてな?」を聞きました。自分だけの追究には**一対一で行われるからこそのワクワク感**があります。

集団での追究で楽しさを味わわせるには、**「はてな?」が単純でわかりやすいことがベスト**です。消防署見学では「消火」「救急」「救助」の3つの視点から調べた「はてな?」をクイズ形式で共有しました。

能動的な学びで社会科が好きになる

授業で見学に出かけたら、「見る」「聴く」「尋ねる」「話す」「さわる」「つくる」…などの活動を組み合わせて、**子どもに能動的な学びを促すことが重要**です。

本物を見たり、実物にさわったりする能動的な学びを通して、子どもたちは社会科好きになっていきます。

聴く

見る

さわる

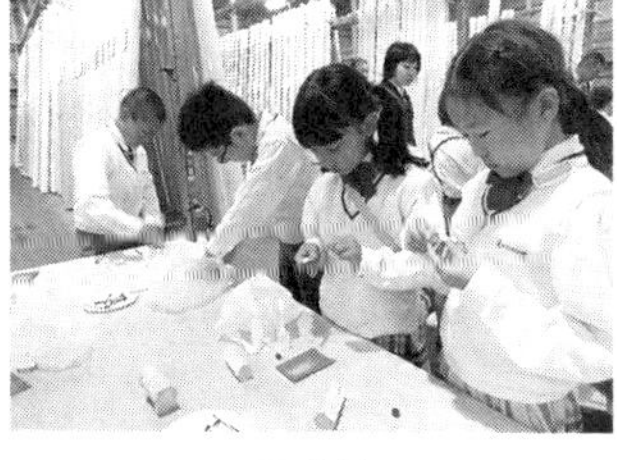

つくる

多様なまとめで社会科が好きになる

「まとめは、新聞づくりです」と、いつも決まったまとめ方をしていると、新鮮さが薄れ、子どもの学習意欲は低下します。

多様なまとめ方を知り、経験すれば、追究にあったまとめ方を自分で選択できるようになります。１人でまとめきる楽しさ。友だちと情報交換しながらグループでまとめる楽しさ。いずれにしても、一人ひとりの見方や考え方をしっかりと表現させることが大切です。

- **音声言語が中心のまとめ方…発表、話し合い、クイズ、ディベートなど**
- **文字言語が中心のまとめ方…個人新聞、壁新聞、マンガ、紙芝居、絵地図など**
- **身体表現が中心のまとめ方…劇、音楽劇、ニュース番組、ペープサートなど**
- **ＩＣＴを活用したまとめ方…プレゼンテーション、ワードを用いた新聞づくりなど**

伝える喜びで社会科が好きになる

社会科は伝える活動が多い教科です。したがって、**伝えることに喜びを見いだすことができれば、おのずと社会科が好きになっていく**のです。

では、子どもたちが「伝えるのが楽しい」と感じるのはどんなときでしょうか？

それは、**聞き手が熱心に聞いてくれるとき**です。熱心に聞いてもらうためには、伝える側も聞き手をひきつけるような伝え方の工夫をする必要があります。

ここでは、そんな聞き手をひきつけるような伝え方の工夫を６つ紹介します。ただし、この工夫を取り入れたからといってすぐに上手に伝えられるようになるわけではないので、練習の時間と場を保障することを忘れないようにしてください。

❶前振り

最近の出来事小ネタを挟むだけでつかみはＯＫです。

❷はじめに結論

驚くような事実など、最も伝えたいことをあえてはじめに話します。

❸短いセンテンス

見ればわかるものは話しません。聞き手を見て、短く区切って話をします。

❹実況中継

見学先の工場の様子やインタビューしたことなどを実況中継風に伝えます。

❺語りかけ

「○○さんどうでしょう?」と、聞き手に尋ねることで緊張感をもたせます。

❻感想を聞く

発表が終わったところで、数名を指名し感想を聞きます。

第2章

まずは
これだけ
押さえよう！

Chapter2

教科書の分析

社会科の授業づくりはじめの一歩は、何といっても教科書の分析です。**編集の意図とその実際を熟知すること**です。そのための手順を紹介します。

❶使用する教科書会社のホームページから、編集の基本方針や特色などを読み取る。
❷教師用指導書に書かれている、編集代表者の教科書編集に寄せる思いや考えを読み取る。
❸編集方針と教科書を照らし合わせ、その具体的なページ構成を確認する。

社会科をはじめて教える先生や、社会科をどのように教えたらよいか悩んでいる先生には、この3つの手順を4月の授業開きまでにやってみることをおすすめします。

社会科の授業で教える内容や学ばせる方法が見えてきます。

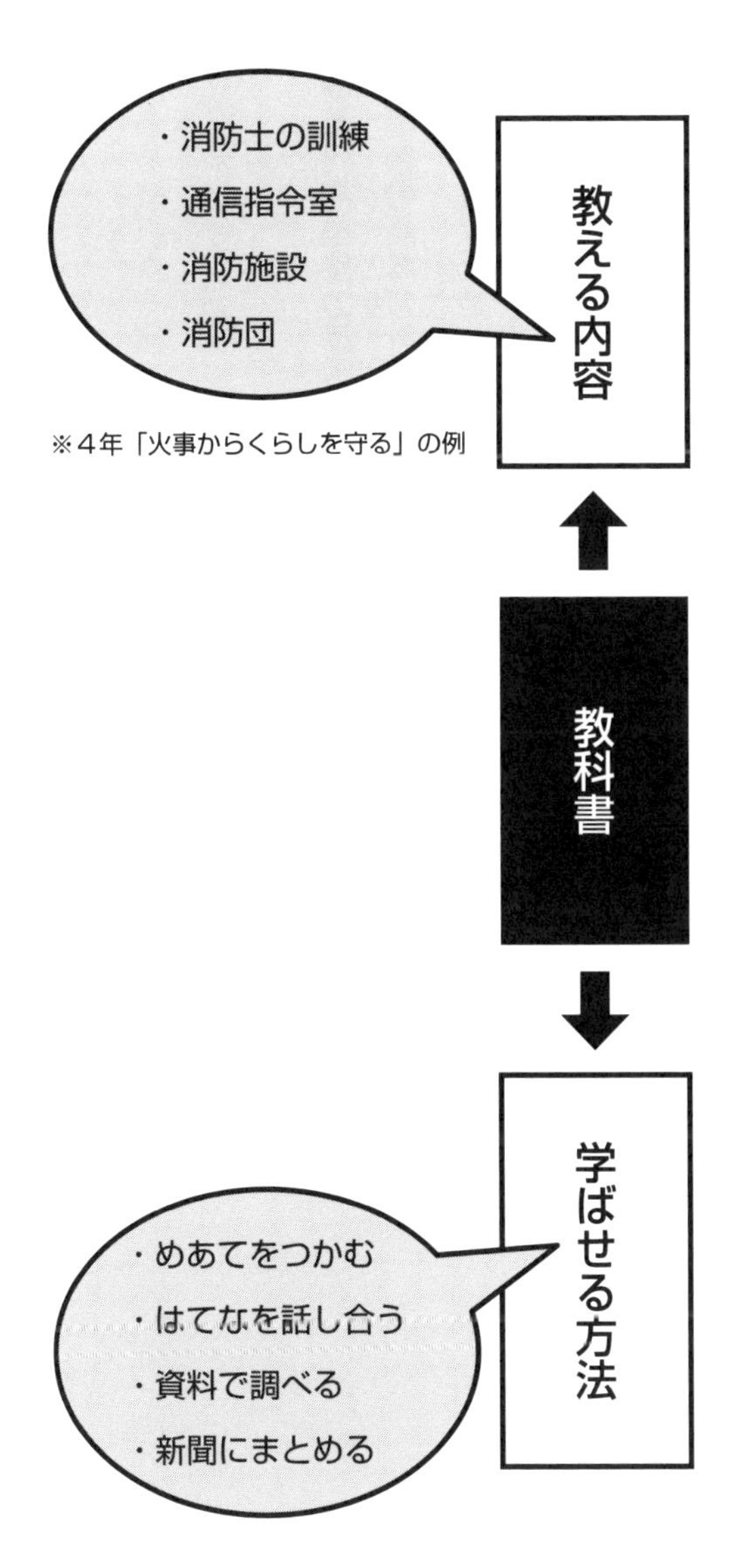

教科書分析の実際

ある教科書を例に、先に述べた３つの手順で教科書を分析し、どのように授業を進めればよいのかを考えていきましょう。

❶教科書編集の基本方針や特色などを読み取る

●編集の基本方針

・よりよい社会づくりへの参画・貢献
・問題解決的な学習の重視
・豊富な教材・資料

●特色

・問題解決的な学習段階の明確化

・まとめの場面の明示
・基本用語の明示
・学び方の明示
・事例を通した社会や国土の理解
・伝統と文化に関する教材の充実
・社会で仕事に携わる人の姿の充実
・防災教育など新しい教育課題に関する教材の充実
・活用できる豊富な写真やイラスト

❷編集代表者の教科書編集に寄せる思いや考えを読み取る

・「何を」「いかに」指導するかわかるように構成している。
・「知識の構造図」※を関係づけた指導計画を作成している。
・問題解決的な学習のまとめで中心概念をとらえるようになっている。

※北俊夫『社会科学力をつくる〝知識の構造図〟』（明治図書）

❸編集方針と教科書を照らし合わせ、具体的なページ構成を確認する

・「つかむ」「調べる」「まとめる」「いかす」の学習段階のページ構成になっている。
・「知識の構造図」と連動したページ構成になっている。
・各学年の早い時期に「学習の進め方」が学べるページ構成になっている。

教科書の分析から見えてくる
授業（学習）の進め方

つかむ
資料を読み取り、中心概念の獲得につながる学習問題を設定する。

調べる
調べる内容を明確にし、資料を活用して具体的知識（用語や語句も含む）を獲得する。

まとめる
具体的知識を整理し、学習問題に立ち返り、中心概念を押さえて考えをまとめる。

いかす
習得した知識を活用する学習活動を展開する。

グラフの分析

学年	内容	ポイント
3年	棒グラフ	タイトル、単位、目盛りをもとに数値の読み取り
4年	棒グラフの比較	タイトル、縦軸・横軸の確認、数値の読み取り、変化の読み取り、2つのグラフの関係性、変化の理由
5年	折れ線グラフ、帯グラフの比較	タイトル、単位、全体から割合が多いもの、増えているもの、減っているもの、変化がはげしいもの、全体の数字の変化、共通すること、全体の傾向から今後の予想
6年	様々なグラフの比較	全体的な傾向、変化の様子が変わったところ、グラフからつながりを探る、変化の大きいところと関係ある出来事を重ねる

前ページの表は、ある教科書の学び方コーナーに掲載されているグラフ指導をまとめたものです。グラフ指導の系統性を知ることは、**子どもの発達に応じた資料活用能力や思考力・判断力を深め、広げていくうえでとても重要**なことです。

ここでは、3年と5年で扱われるグラフをもとに、発問の具体例を示します。

❶3年・棒グラフ

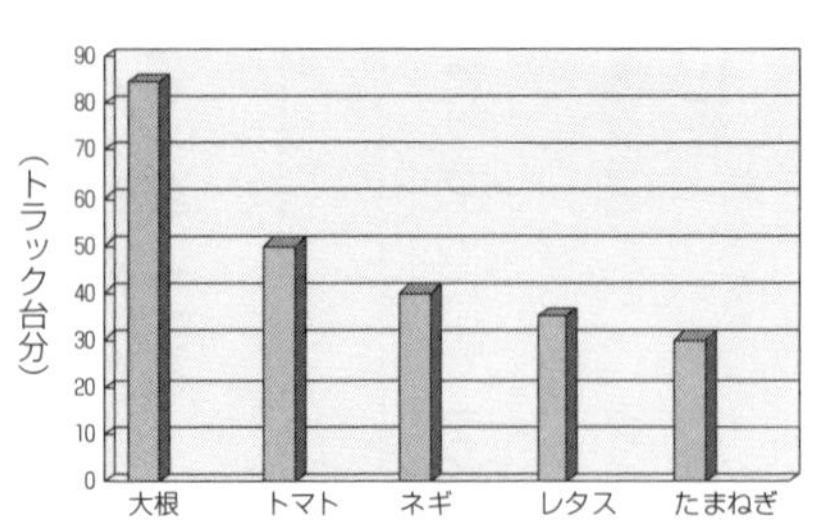

20○○年　JA ○○資料

①タイトルは何ですか？

②だれが、いつ調べたものですか？

③横軸と縦軸は何ですか？

④大根はトラック何台分ですか？トマトはトラック何台分ですか？

⑤一番出荷量が多い野菜は何ですか？

⑥大根の出荷量が多いのはなぜですか？

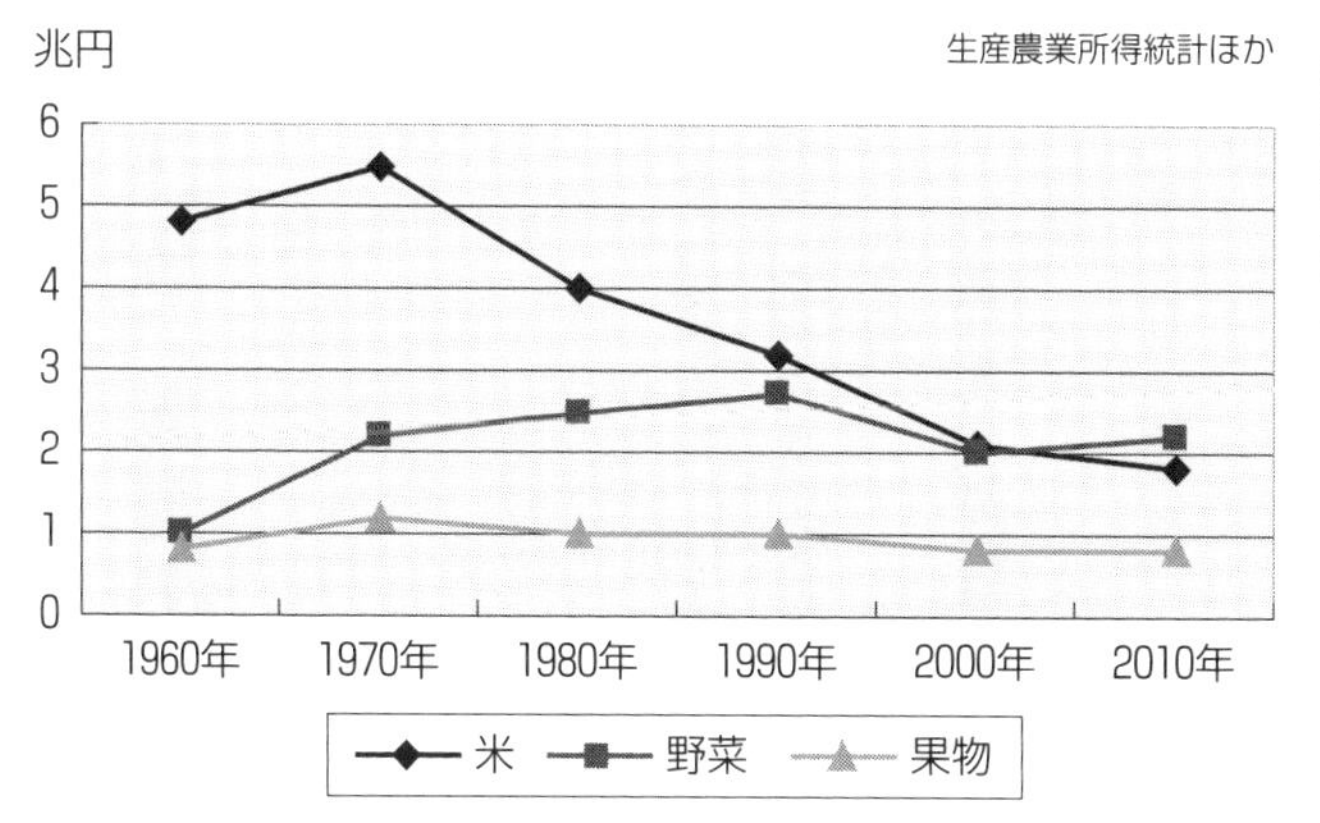

①タイトルは何ですか？

②だれが調べたものですか？

③横軸と縦軸は何ですか？

④全体はどのように変化していますか？

⑤変化が大きいところと小さいところはどこですか？

⑥変化が大きくなった理由は何でしょう？

⑦全体の傾向から、これからの変化はどうなりますか？

挿絵、図版、写真の分析

教科書にはたくさんの挿絵、図版、写真が掲載されています。
ここでは、それらをどう読み取り、授業に活用するかを学年ごとに紹介します。

❶3年　教科書に掲載されている資料の視点は何かを読み取る

挿絵や写真は、地域のものに替えて提示する必要があります。そこで、教科書に掲載されている資料は何を視点にしているかを読み取り資料づくりに役立てます。

●「市の様子」で教科書掲載された写真の視点は何かを読み取る

・市役所、病院、郵便局などの公共施設が集まる仙台駅周辺の写真→**市の中心部の様子**
・工場や鉄道、高速道路がある仙台港→**市の産業や交通の様子**
・仙台市郊外に開発された住宅地域や名取川沿いに広がる田畑→**市の土地利用の様子**
・山間部の自然を生かした観光地や公園→**市の自然の様子**

❷4年　教科書と自分の市のデータを比較・検討する

火事、地震、事故、事件、上・下水道、ごみなどの社会的事象を表すデータが教科書にはグラフや絵図で表されています。**教科書と地域のデータを比較・検討すると効果的**です。2つの共通点や相違点から社会的事象を考えることができます。

●「岡山市の給水量と市の人口の変化」（教科書）を京都市（地域）と比較・検討する

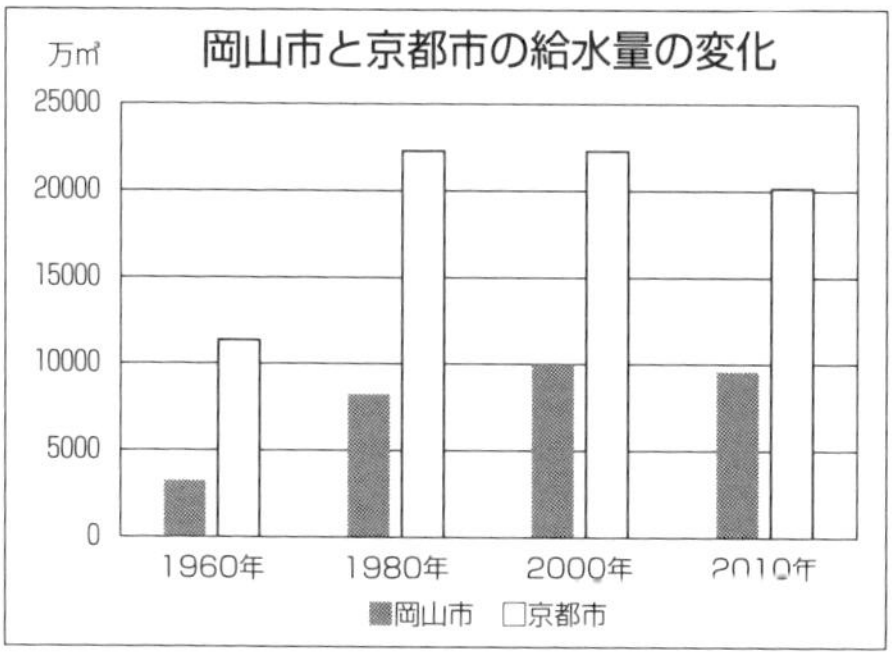

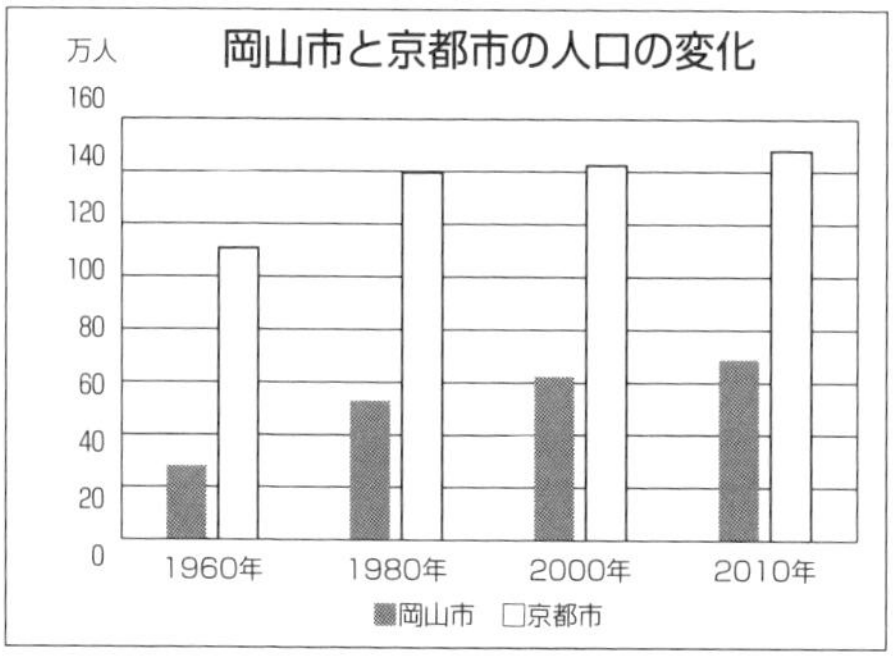

岡山市と京都市の給水量の変化

万㎥ 25000 20000 15000 10000 5000 0
1960年 1980年 2000年 2010年
■岡山市 □京都市

岡山市と京都市の人口の変化

万人 160 140 120 100 80 60 40 20 0
1960年 1980年 2000年 2010年
■岡山市 □京都市

岡山市と京都市の給水量の変化を比べると、1980年には両市とも給水量が20年間で2倍以上になっています。人口増加に伴うものと予想されます。しかし、2010年には、人口が増加しても給水量は減っています。両市とも節水への意識が高まったと考えられます。

❸5年　写真や絵図を「見る」から「観る」へ深化させる

地域学習から日本全国に学びの視野が広がり、見学や観察、調査することが難しくなります。そこで**資料を「観る」目を育てる**のです。「見る」は眺めているだけです。「見る」に「なぜだろう」「おかしいな」という問いが入ると意図をもって「観る」ようになります。

●「空から見た庄内平野」の写真を観る

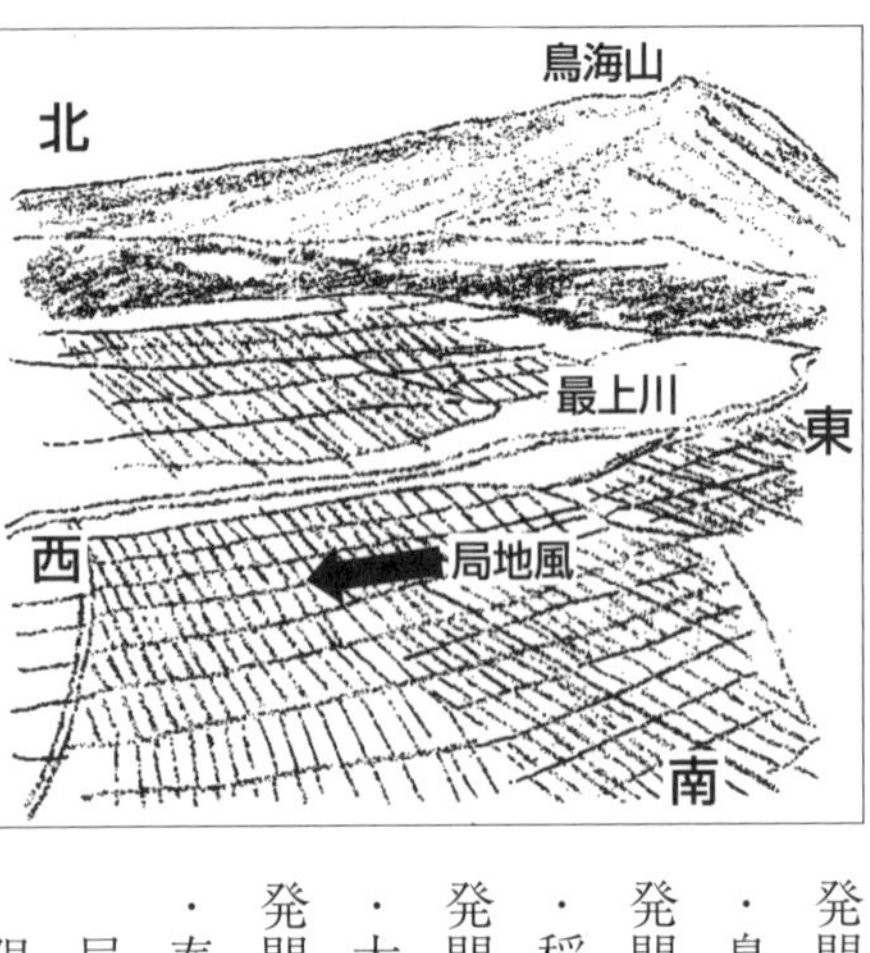

発問　**「ここはどこですか?」**

・鳥海山と最上川を地図帳で調べ庄内平野とわかる。

発問　**「いつの季節の写真ですか?」**

・稲の色と鳥海山の残雪の量を観て七月ごろとわかる。

発問　**「田の形が長方形なのはなぜですか?」**

・大型機械の作業効率は縦長の方がよいとわかる。

発問　**「田が南北に縦長に並んでいるのはなぜですか?」**

・春から秋にかけて最上渓谷から吹き下ろす東寄りの局地風「清川ダシ」が苗や稲にもたらす被害を最小限にするためであることまで観えてくる。

❹6年　教材研究で絵図を多面的に観る発問を考える

ある教科書の学び方コーナーに、屏風絵の読み取り方が具体的に載っています。それに教材研究から見えてきた発問を加えて資料を多面的に観る目を育てていきます。

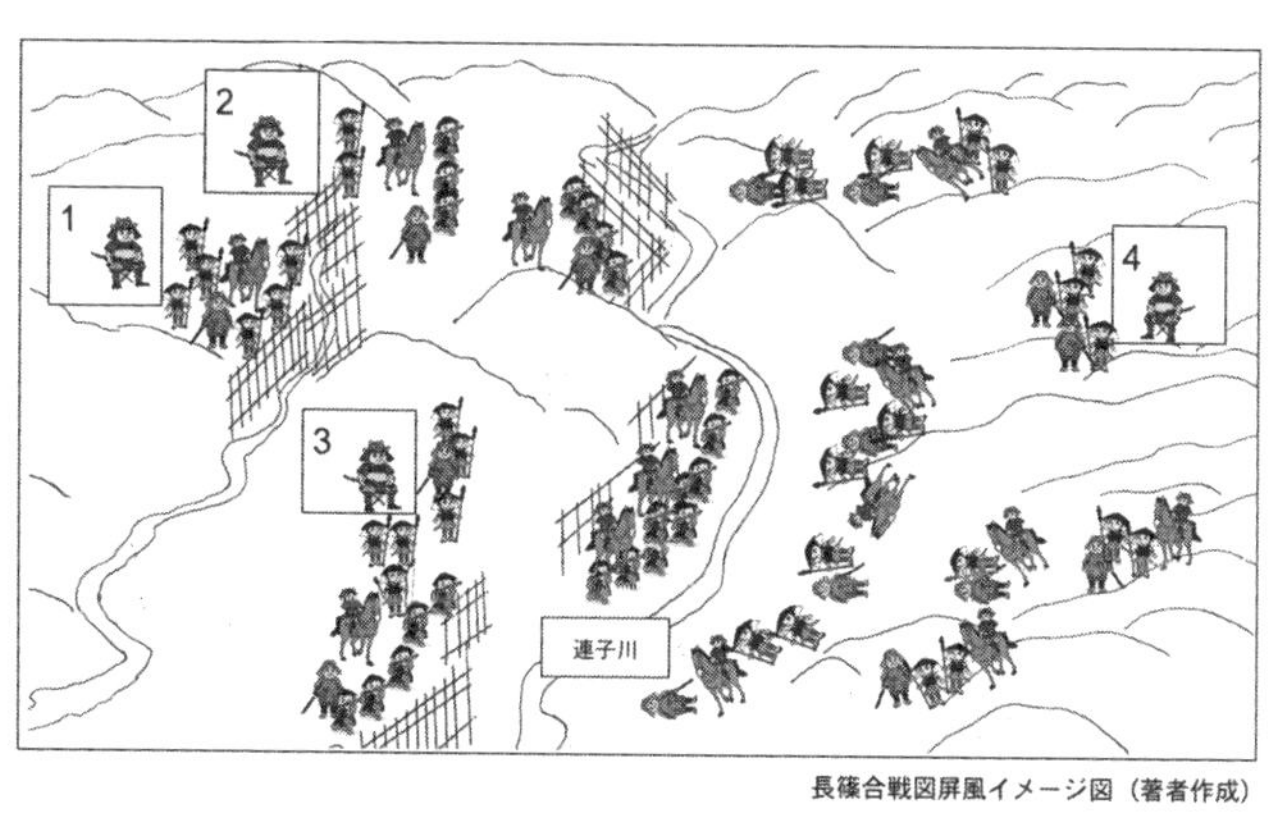

長篠合戦図屏風イメージ図（著者作成）

●「長篠合戦図屏風」を多面的に観る発問を考える

発問「1～4の武将はだれですか？」
発問「激しく戦っているのはどの武将ですか？」
発問「家康が危険な所に布陣したのはなぜですか？」
発問「徳川軍が馬防柵前に出たのはなぜですか？」
発問「武田軍が退かなかったのはなぜですか？」

これらを教科書掲載の読み取り方に加えます。天下統一前の信長と家康の力関係や武田軍が8時間にも及ぶ無謀な突進を繰り返した理由が明らかになり、歴史的事象への関心がさらに高まります。

力がつく、楽しい、わかる授業づくり

ご自身の社会科の授業を、**「力がつく」「楽しい」「わかる」**の3つの要素に分けて考えてみてください。

この3つの要素のうち、どれかが授業に欠けていないでしょうか？

もし、3つともないとしたら、それは、「つまらない」「わからない」「力がつかない」授業ということです。

社会科の授業を成立させるうえで、この3つの要素はどれも欠くことができません。ここでは、3つの要素が入った授業をつくるには、どのようなことが大切なのかを述べていきます。

「これだけは」で力がつく授業づくり

有田和正先生は、授業研究会で以下のように指導してくださっていました。

「これだけはなんとしても教えたいことを明確にもちなさい。でも、教えてはダメですよ。『はてな？』で気づかせるのです」

この「これだけは（なんとしても教えたいこと）」は、単元や授業のねらいと直結するものです。

私の勤務校は、学年4学級ですが、新しい単元の授業を始めるにあたって、質を一定に保ったり高めたりするために学年内で授業内容を検討します。そこで共有することが「これだけは」です。**特に、中学年は地域学習が主のため、授業内容の信頼性と妥当性を高める必要がある**のです。

「これだけは」をしっかりともつことは、力がつく社会科の授業づくりのはじめの一歩です。

学習の流れと「これだけは」　しば漬けの里～大原を訪ねて～

（12時間＋単元テスト）

1／12　どうすればナスから「しば漬け」ができるのか。ひと、もの、ことの視点から考え
問いを見い出す。（この問いは、自学や見学時に追究して解決させる）

2／12　しば漬けが伝統的につくられている大原の地形や気候、歴史について調べる。

※これだけは…山間地で昼と夜の寒暖の差が激しいことが分かる。

平清盛の娘、建礼門院と「しば漬け」「大原女」の関係が分かる。

3／12　しば漬けの試食（土井の漬物工場で試食する年もある）から原料を探る。

※これだけは…しば漬けの原料は「ナス」「赤紫蘇」「塩」と分かる。

「発酵」について考える。

4／12　しば漬けの製造工程について調べる。教材フォルダ参照

※これだけは…各作業の工夫や努力を考える。

2月　紫蘇の土づくり　3月　種まき　5月　苗植え

6月～8月　紫蘇の葉の刈り取り、洗い、樽づけ約1か月間漬け込み

7月～出荷（祇園祭）　9月　最盛期　　冬期間は樽で保存可

5／12　ふしぎな手だね（伝統的な製法について考える）

※これだけは…熟成館では漬物石を積む職人の工夫や努力を考える。

・樽に重さ約20～30kgの石の重心を考えてバランスよく50個ほど約30分で積む。

・技の習得に10年はかかる。

・重い　・冷たい　・夏は暑く冬は寒い　・石洗いも冬は大変

・手や足などにけが　・腰の痛み

6～9／12　工場見学の計画と実際

※これだけは…見学時に調査させたいポイントを参照。

10／12　しば漬けの原料と出荷先を地図上で表す。

※これだけは…原料は京都産を使用。出荷は京都市内の観光地を中心に全国に出荷。

11，12／12 まとめの新聞づくり

※これだけは…働く人の工夫や努力（安全、衛生面を含めた作り方）は必ず入れて
新聞に表す。

<単元テスト>

別紙参照

3年の学年会で授業内容を検討するときに用いたプリント

「はてな？」で楽しい、わかる授業づくり

子どもに力をつけたい一心で「これだけは」を教え込む授業をしたとします。すると、子どもたちはたちまちあくびし始めます。その授業は楽しくないし、わからないからです。

では、楽しい、わかる授業をつくるにはどうすればよいのでしょうか？　それは、**授業の中に「はてな？」が生まれる瞬間をつくる**のです。「はてな？」は、例えば、知っていたつもりだったことに揺さぶりをかけられたときや、はじめて知ったことへの驚きが原動力になって生まれます。

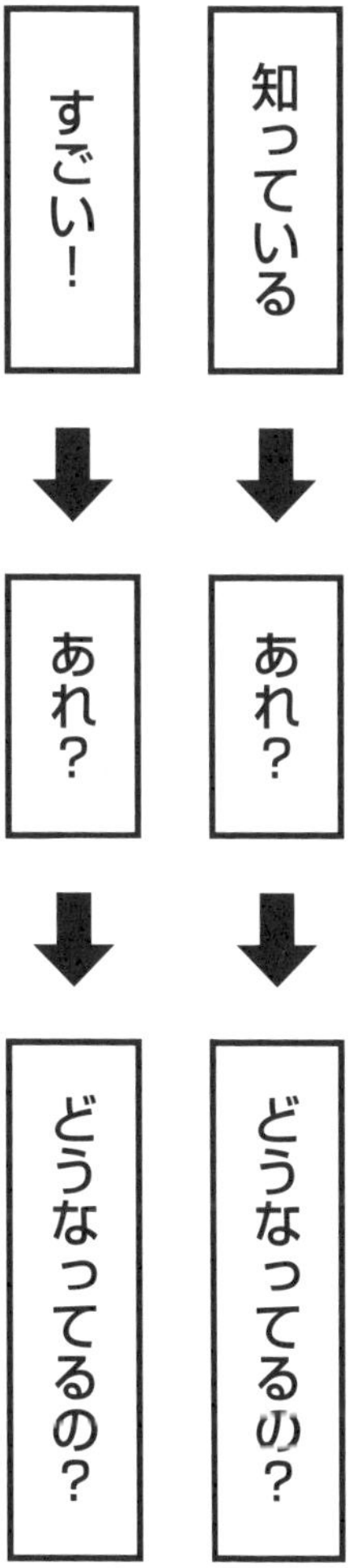

知っている
↓
あれ？
↓
どうなってるの？

すごい！
↓
あれ？
↓
どうなってるの？

「はてな?」がある授業では「たい」が泳ぐ

「はてな?」が生まれると**「調べたい」「知りたい」**という「たい」が教室内を泳ぎ始めます。追究中にも**「わかりたい」「やってみたい」**という「たい」が泳ぎ回ります。追究後には、調べたことやわかったことを**「まとめたい」「話したい」**という「たい」が泳ぎます。このように、「はてな?」のある授業では、いろいろな「たい」が教室を泳ぎ回ります。

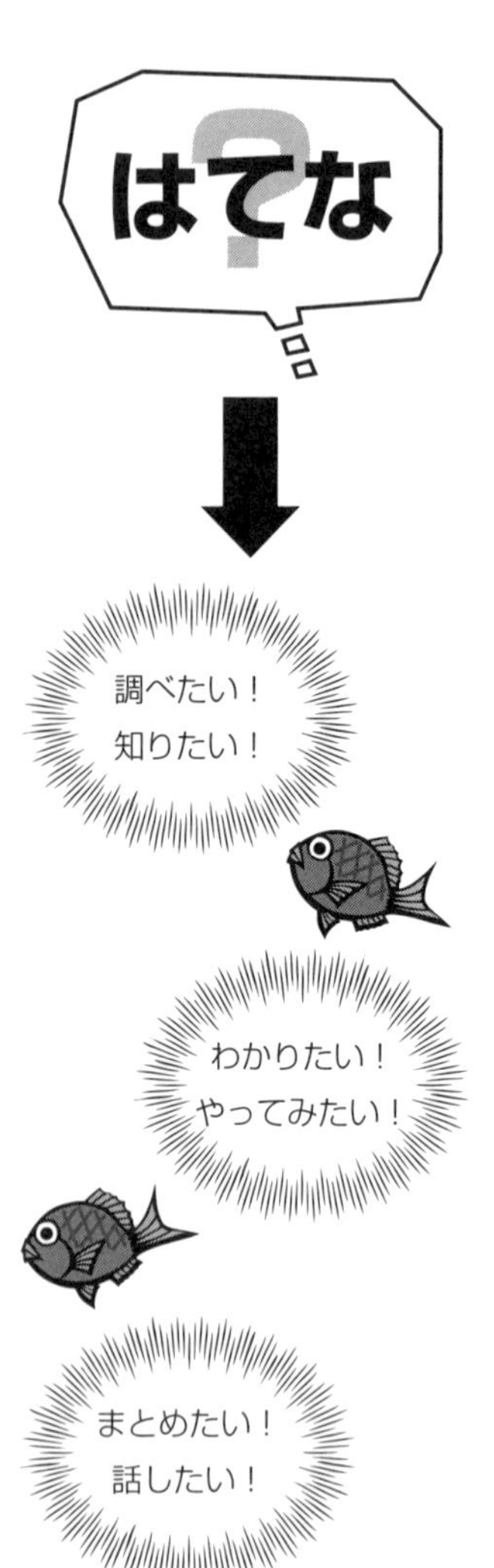

はてな
調べたい！
知りたい！
わかりたい！
やってみたい！
まとめたい！
話したい！

ゆさぶり発問で「はてな？」を引き出す

子どもはすぐに「知っている」「わかっている」と言います。しかし、**多くの場合その理解はおぼつかないもの**です。そこに発問でゆさぶりをかけ、「たい」を引き出します。

有田和正先生の有名な実践に「バスの運転手」があります。

「みんなはバスのことなら何でも知っているね？」という問いかけから、バスのタイヤの数、つり革の数などを問います。すると、よくわかっていないことに次々気づき、たくさんの「たい」が教室中を泳ぎます。

さらにバスの運転手の工夫や努力を考えさせる発問へと展開していきます。

「バスの運転手さんはど・こ・を・見・て・い・る・か・？」と「視点」を問います。「前だけ？」「横も見ている？」などゆさぶりをかけ、子どもたちの知っていること思っていたことがいかに曖昧かを表出させます。

有田先生の発問術のポイントは、**ゆさぶりから「はてな？」を引き出すこと**です。

社会科の授業で考える力を高めるには、まずは、「はてな？」からその子なりの考えをしっかりともたせます。ここでは、子ども一人ひとりの考えは多様に**「拡散」**します。そして、それらの考えを友だちの考えと交流していくことで、よりよい考えに**「収束」**させていくのです。

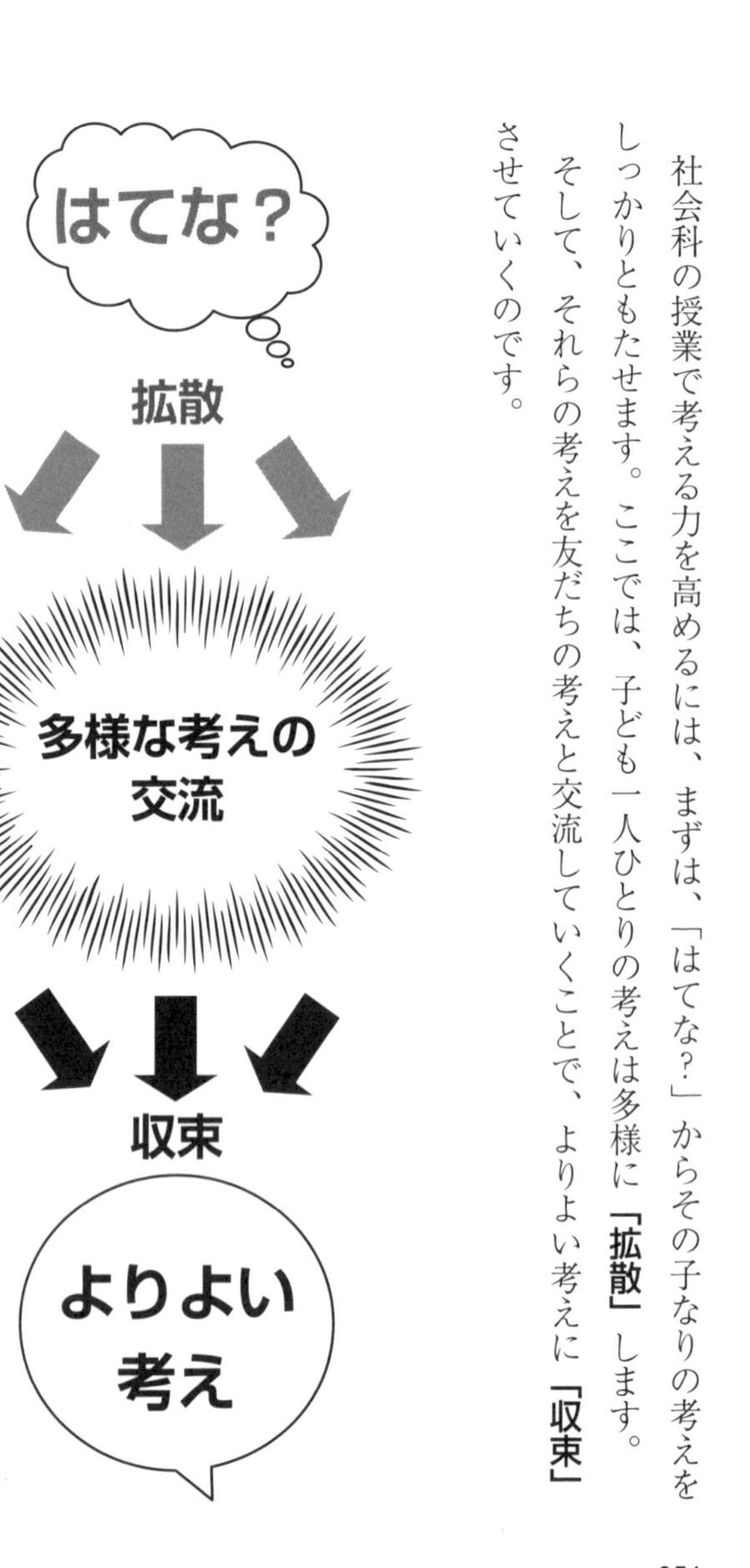

「はてな？」からわかる授業をつくる

子どもが知っていると思っていることから「はてな？」を引き出し、本当の意味での「わかる」に至る授業づくりを、４年「安全なくらしを守る」を例に紹介します。

教師　**「信号機を知っていますか？」**
子ども　**「知ってるに決まってるでしょ！」**
教師　**「じゃあ、学校の正門前にある信号機をかいてみて」**

この指示で、子どもたちは信号機をかき始めますが、でき上がった信号機は、形や高さ、色の配置などがまちまちです。知っているつもりになっていただけで、実はわかっていなかったということです。

ここで、信号機の色の配置を問題にします。

教師　**「赤と青は、左右どちらでもよいことにしよう」**

教師からとんでもないことをはたらきかけると、授業は俄然盛り上がります。子どもたちからは「ダメに決まってる！」などの声が聞かれます。結論が出ず「見てこよう」という声も上がりますが、見せません。「当たった」「はずれた」と結論のみに授業が流れるからです。ここで、拡散している考えを収束させる発問をします。

教師　**「運転手さんが一番気をつけなければいけない色は、青、赤、黄のどれですか？」**

赤の「止まれ」が交通安全上最も大切であることを確認します。信号機はその役割を果たしています。そこで、運転手から一番見えやすい道路中央側の右側が赤となるわけです。

まとめに、雪国会津の縦型信号機を提示し、色の配置を一般化する学びへと導きます。

教師　**「縦型の信号機では、赤は上でしょうか？　下でしょうか？」**（正解は上です）

「えっ?」「うそ!」を引き出し楽しい授業をつくる

「1杯で30万円のビールを見つけました」

と授業のはじめに言います。

「えっ？」

「うそ！」

「ホントに？」

と、子どもたちは興味津々で問い返してきます。

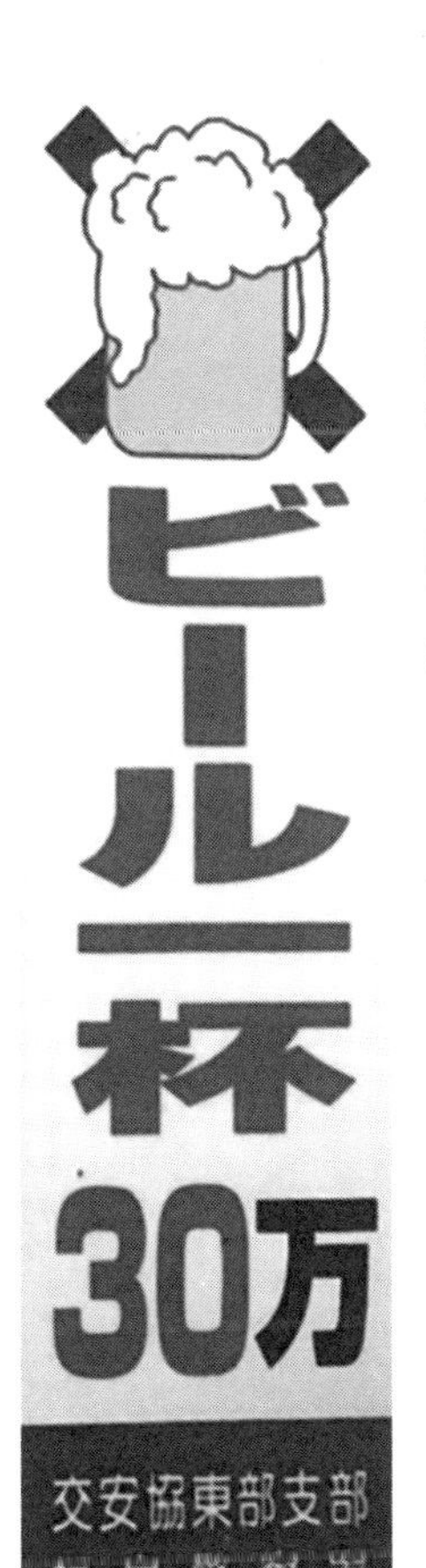

「交通事故を防ぐ」の授業で、交通事故が多い交差点に設置されている「ビール一杯30万」の立て看板を「本当だよ」といって提示します。

子どもたちは、

「おかしい…」

「もしかして…」

などと言いながら看板を見つめます。

しばらくすると、看板の×印や看板設置者から飲酒運転防止を呼びかけるものではないかという予想が出されます。そこで、次のようにゆさぶりをかけます。

「先生もこのビールを飲んでみたいな」

子どもたちからは「絶対に飲んじゃダメ」と、強い反対の声が返ってきます。「だって、このビールは飲むと警察に捕まるよ」と、すっかり学びの渦に巻き込まれている子どもたちの声が続きます。

「えっ?」「うそ!」「ホントに?」といった声は、授業にリズムとテンポをつくり、楽しい授業を実現します。そんな声がたくさん上がるように話術を磨きましょう。

「アッとの笑い」で楽しい授業をつくる

「1時間に1回も笑いのない授業をした教師は逮捕する」


これは、有田和正先生の名言です。楽しい授業には笑いが不可欠であるということです。

授業の中での笑いには、次の2つがあります。

●アッとの笑い…感動したときに出る笑いで周りの雰囲気を温かくする
●ドッとの笑い…バカにしたり蔑んだりしたときに出る笑いでまわりの雰囲気を悪くする

学級開きのときに「どっちの笑いが好きですか？」と子どもたちに尋ねます。

そして、「教室を『アッとの笑い』でいっぱいにしよう」と投げかけ、みんなで「アッとの笑い」をしてみます。そのときに笑顔が素敵な子どもを選びます。みんなでその子の真似をすれば明るい学級のスタートが切れます。

次に「アッとの笑い」の例を2つ紹介します。

❶時間よ戻れ

どの教室にも話を聞いていない子どもはいるものです。

「○君、△さんの言ったことをもう一度言ってごらん」

聞いていないので言えるはずがありません。そこで、注意はせずに、

「どのくらい巻き戻しする？」

と問いかけます。○君は

「1分前まで巻き戻ししてください」

と、照れ臭そうに言います。学級みんなで1分前まで巻き戻します。

「キュルキュルキュルキュルキュル」

この時点で、教室に「アッとの笑い」が生まれます。

今度は学級のみんなが△さんの話にしっかり耳を傾けます。

「時間よ戻れ」は、授業中の注意力や集中力を養うのに有効です。ただし、頻繁に行ったり1分以上巻き戻しをしたりしないでください。授業が終わってしまいます（笑）

❷一休さんタイム

「ノートに自分の考えを書きましょう」

と指示します。続いて、

「一休さんタイム！」

と言って、いすの上で座禅を組んで考える時間をとります。椅子の上で座禅が組めるようになるまでは相当の修業が必要です。

「チン！」

とひらめいた子どもからノートに書かせます。子どもたちは静かな雰囲気の中で集中して考えることができます。教師からはだれが考え中かはっきりと見てとることができます。

　3分経過したところで、

「一休さ～ん」

と、声をかけます。子どもたちからは、

「は～い」

の返事とともに「アッとの笑い」が起き、教室が一気に明るくなります。

「一休さんタイム」は**ユーモアを取り入れた思考の時間**です。

すぐれた授業をつくる教師の「暗黙知」

教師の共有財産としての教材、指導案、その発問や板書などはよく目にすることがあります。

ところが、それをそのまま追試しても授業がうまくいかなかったという経験は、多くの先生が一度は経験しているのではないでしょうか。

これは、すぐれた実践の「形式知」（ここでの「形式知」とは、書物などに文字や写真で表されたもの）だけを追試するからです。**すぐれた授業をする教師には、その人なりの「暗黙知」、つまり文字や写真には表されていない技術がある**のです。

ここからは、私が数々の先輩方から学び取った暗黙知を、形式知にして伝えたいと思います。

教室環境を整える

私は出勤時か退勤時のどちらかに教室へ行き、次のことをチェックします。

●ゴミが床に落ちていないか。
●ものが散乱していないか。
●机やいすが整然と並んでいるか。
●黒板（白板）がきれいになっているか。
●掲示物がしっかりと貼ってあるか。落書きはないか。

授業前の環境を整えることは、充実した授業をつくるための基本です。子どもが落ち着かない学級は、教室内の環境も荒れていることが多いのです。

教室環境を整えるキーワードは**「毎日コツコツ教室の見回り」**です。

子ども一人ひとりと目を合わせてあいさつをする

授業前のあいさつで、子どもたちのやる気を感じ取ることができます。

子どもたちが話をしていたり、下を向いていたりして、なかなか授業がスタートできず、イライラするときはないでしょうか？　この状態で授業がスタートしては、実のある学びはできないでしょう。

私は次のようにして授業をスタートさせます。

教師　**「姿勢」（低学年では、「足はペッタン、背中はピン」）**

子ども「はいっ」（できるだけ短く返事をさせます。「はーい」はいけません）

ここで、子ども一人ひとりと目を合わせていきます。慣れないうちは、決まったところから順に目を合わせます。慣れてくると5秒以内（30人学級）でできます。**目が合わない子には、じっと見つめて「あなただよ」と無言ではたらきかけ、気づかせる**のです。

全員と目が合ったら教師がうなずきます。これが「お願いします」の合図です。

二択の発問で全員参加のスタートを切る

授業はじめに「よしやるぞ」という意欲を子ども一人ひとりにもたせることが1時間の授業の流れをつくります。その流れをつくるのが、はじめの発問です。**はじめの発問で全員が学びのステージにのることができるようにする**のです。私は二択の発問を用います。二択は選ぶことが容易で全員に意思決定させやすいという利点があります。例を示します。

「卑弥呼は男でしょうか？　女でしょうか？　女だと思う人は立ちましょう」

ＡかＢかという単純な発問ですが、ひと工夫をします。**「立ちましょう」と加えることで、意思決定が姿となって表れる**のです。次の発問で深めていきます。

「卑弥呼が女だとわかる証拠を教科書や資料集から見つけた人は座りましょう」

立ち位置に意図をもつ

授業開始から終了まで、教師の動線を記録したことがありますか？

私は、初任のころ、先輩から授業後に「柳沼くんの動きを記録したから見てよ」と言って動線記録表（座席表を用いて記録したもの）をいただきました。見て愕然としました。教室の前方をウロウロしているような記録結果でした。そのときの先輩からの指導がもとになり、次に示す意図的な教師の立ち位置を考えるようになりました。

- ●資料提示や主発問は前面でしっかりと伝える。
- ●机間指導は2回程度行う。一度は右回り。二度目は左回りで行う。
- ●子どもが前面で発表するときは、その子に寄り添いながら（発表慣れしている子どもの場合は、前面のはじから）全体を見渡す。
- ●子どもが席で発表する際は対角線で話を聞く（発表する子どもの顔がみんなに見える）。

続きを考えさせる

子どもに考えを述べさせる際、１人に全部を言わせるのではなく、途中でストップをかけます。そして、発表内容に応じて次のひと言を投げかけます。

「A君の続きが言える人？」…学級の8割がA君の考えをわかっている

「A君の続きを隣の人と話そう」…学級の半分以上がA君の考えをわかっていない

途中まで友だちの考えを聞いて先を予想するのは子どもたちにとって楽しい活動です。続きを発表する子は「A君はきっと…」と言ってはりきって発表します。それを聞いているA君も笑顔です。A君には、友だちが続きを発表したことに対する感想を述べる機会を必ずつくります。

その子自身を称賛する

「ほめる」「認める」といった称賛は授業の基本です。すぐれた授業をする先生は、子どもも一人ひとりを観てよくほめ、認めます。

ほめ方の例を２つあげます。

Ａ　消防士さんの防災活動に目を向けたことはすばらしいね。

Ｂ　消防士さんの防災活動に目を向けた○○君はすばらしいね。

ＡとＢの称賛は一見同じようですが、ほめている対象が微妙に違います。

Ａは○○くんが防災活動に目を向けたことへの称賛です。

Ｂは、防災活動に目を向けた○○くん自身への称賛です。

よい見方や考え方をしたことに加え、その子自身をほめると人間性が育ちます。

第3章

授業を
デザイン
しよう！

Chapter3

単元構想の手順

この章では、前章までで述べてきたことをもとに、3年「わたしたちのまち」の授業デザイン（単元構想と各時間の授業づくり）の具体例を紹介します。

3、4年の社会科は、地域学習が中心です。したがって、教科書の事例をそのまま使うことはできません。

そこでまず、次の手順で地域素材を教材化した単元を構想します。

❶教科書の内容と学び方を読み取る。
❷学校や地域の実態に合わせた内容と学び方を検討する。
❸各時間の「これだけは」を決める。

教科書の内容と学び方を読み取る

●教科書の内容と学び方の例

・通学路の周辺のお気に入りの場所を絵地図で紹介する。
・学校を中心に学校のまわりの様子をコースに分けて調べる。
・「道の両側の様子」「交通の様子」「土地の様子」を視点に調べる。
・コースごとに調べたことを絵地図に表す。
・絵地図をつなげて気づいたことを話し合う。
・絵地図を記号化してわかりやすい地図に表す。
・学校のまわりの様子について、調べたことを発表する。

●学習に必要な基礎知識

絵地図、方位磁針、方位、公共施設、土地の様子、地図、地図記号

学校や地域の実態に合わせた内容と学び方を検討する

学校や地域の実態に合わせて、次のように内容と学び方を検討します。

●内容

学校周辺の特色を「道の両側の様子」「交通の様子」「土地の様子」から実地踏査し、見学・調査が可能なところを選定します。その際、**危険箇所のチェックも忘れずに行います。**

●学び方

一斉に同じ場所を調べさせるか、コース別で分散させるかは、**学校の規模（学級数、児童数、教員数）、指導時数、学習のねらいから考えます。**

それぞれのメリットをあげます。一斉に調べるメリットは、範囲は限られるものの、地図にまとめたり気づいたりしたことを共有しやすいことです。コース別のメリットは、限られた時数の中で調査・見学場所の範囲を広げることができることです。

各時間の「これだけは」を決める

●知っていると便利な地図記号（1／10時間）

本時のねらい　地図記号への興味・関心を高め、いろいろな地図記号を書いたり読んだり、その成り立ちを調べることができる。

〈これだけは〉30個の地図記号を書き、読むことができる。

●「あれ、どっち？」（2／10時間）

本時のねらい　方位記号、四方位、八方位、縮尺を活用して地図を読むことができる。

〈これだけは〉・方位記号、四方位、八方位、縮尺の意味がわかる。

・方位と縮尺を用いて学校周辺の施設・建物の位置がわかる。

●調査隊、出発！（3～6／10時間）

本時のねらい　白地図をもとに見学・調査ができる。

〈これだけは〉見たことや聞いたこと、調べたことを調査用紙にメモすることができる。

●調査報告（7～9／10時間）

本時のねらい　見学・調査してきたことを「道の両側の様子」「交通の様子」「土地の様子」から話し合うことができる。また、学校まわりの様子（南側と東側）について地図記号を用いて地図や新聞に表すことができる。

〈これだけは〉・烏丸通り（南側）は大きな公共施設や店が多いこと、京都御所に私塾「立命館」の跡地があることなど学校のまわりの様子や歴史がわかる。

・北大路通り（東側）は商店街で人通りが多いことや、東には賀茂川や植物園など地域の人々の憩いの場があることがわかる。

●まとめのテスト（10／10時間）

〈これだけは〉を中心にテスト問題を作成し、学習内容の習熟度を確かめる。

各時間の授業づくりの実際

知っていると便利な地図記号（第1時）

教科書では、地図記号は単元の後半で扱われていますが、**新教科への期待を高めてスタートを切るため、子どもに人気のある地図記号を単元の最初に位置づけます。**

生活科で作成した絵地図を見ながら「生活科でつくった絵地図を社会科の地図に変身させよう」とはたらきかけます。子どもたちからは、「どうやって？」という「はてな？」が生まれます。そこで、建物の名称を記号化することを伝え「さすまた」を提示します。

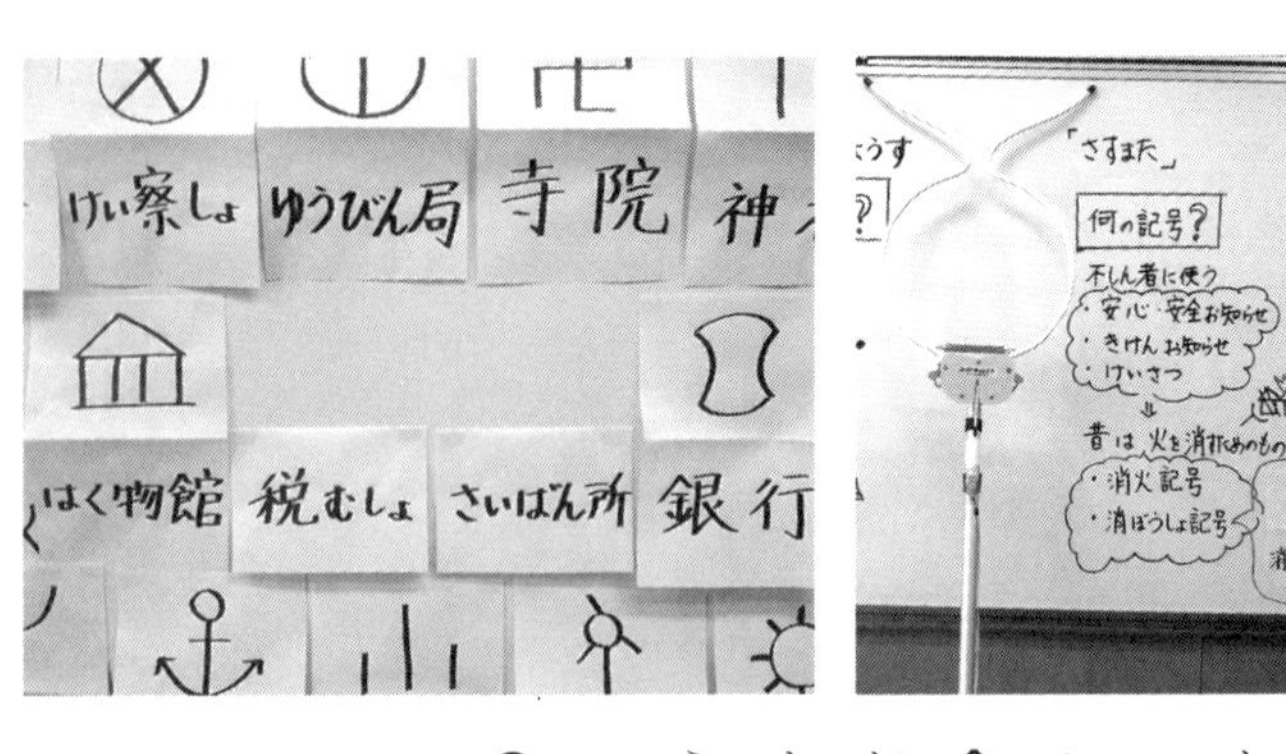

消防署を表すさすまたが、火消しに用いられた道具であることがわかると、「なるほど」と納得の声が聞かれます。

地図記号に関心が高まった子どもたちに30個の地図記号を1つずつ提示していきます。郵便局や交番など**目に触れる機会が多いものは名称から提示**します。図書館や老人ホームなど**地図記号から名称が予想されるものは、記号を先に提示**します。30個の地図記号が板書いっぱいになると、カルタのようです。「ほかにどんな地図記号があるのだろう。もっと調べたい」という「たい」が泳ぎます。

●30個の地図記号

小中学校、高等学校、大学、市役所、町役場、病院、交番、警察署、郵便局、寺院、神社、老人ホーム、博物館、税務署、裁判所、銀行、図書館、消防署、港、工場、荒地、風車、発電所、灯台、田、畑、茶畑、果樹園、針葉樹林、広葉樹林

「あれ、どっち？」（第2時）

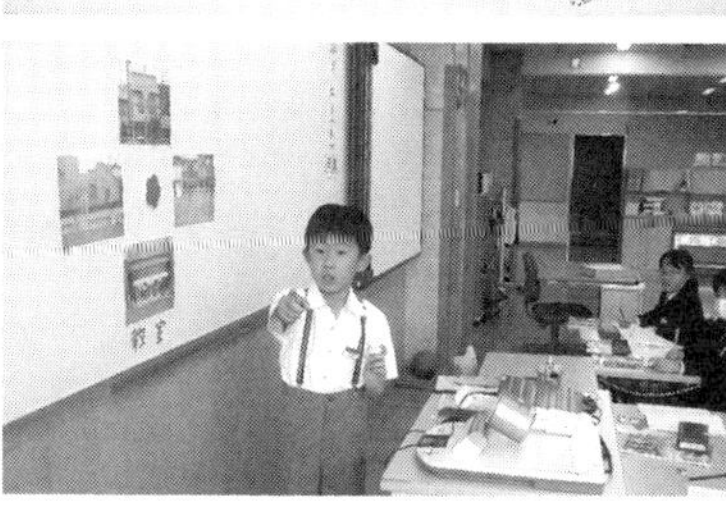

　校庭の中心から撮った4枚の写真を適当に黒板に貼り「どこかわからない人は立って」と笑いを誘いながら全員参加できる楽しい雰囲気をつくります。
　続いて、子どもに校内の位置関係で写真を並べ変替えさせますが、「こっちで」「あっちで」「教室から見て」…とはっきりしません。そこで、**「校庭の真ん中から見て」という地図を見る際の基準を教えます。**すると、「あっち」は西、「そっち」は東、というように4枚の写真が四方位に位置づけられます。授業のまとめには「方位記号を使うと場所を表すのに便利なことがわかりました」という声が聞かれます。

調査隊、出発！（第3〜6時）

地図記号と方位記号を学んだ子どもたちは、いよいよ調査に出かけます。

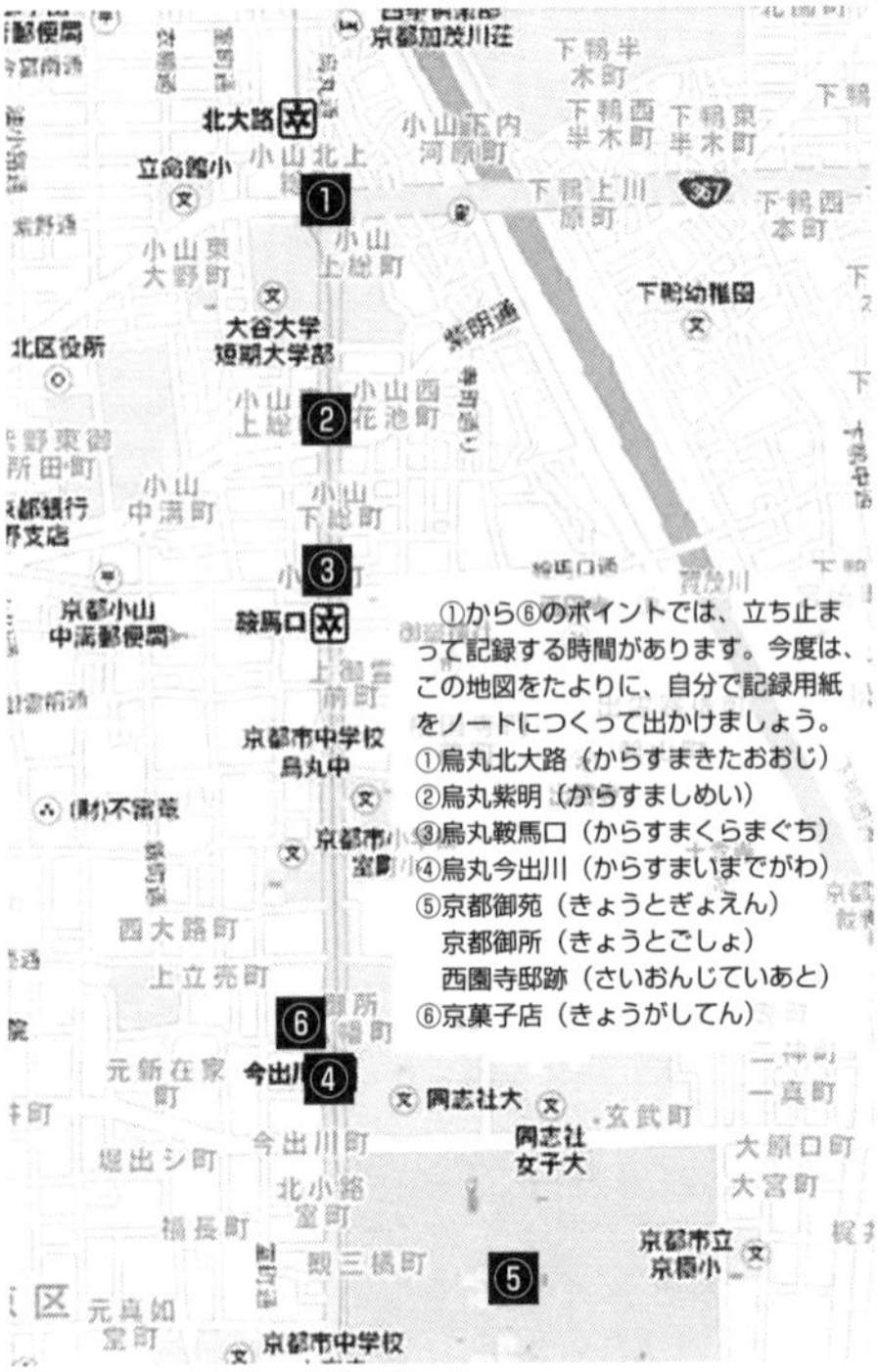

①から⑥のポイントでは、立ち止まって記録する時間があります。今度は、この地図をたよりに、自分で記録用紙をノートにつくって出かけましょう。
①烏丸北大路（からすまきたおおじ）
②烏丸紫明（からすましめい）
③烏丸鞍馬口（からすまくらまぐち）
④烏丸今出川（からすまいまでがわ）
⑤京都御苑（きょうとぎょえん）
京都御所（きょうとごしょ）
西園寺邸跡（さいおんじていあと）
⑥京菓子店（きょうがしてん）

勤務校（地図左上の立命館小）ではコース別はとらず、まちの特色がある南と東の見学・調査を一斉に行いました。

見学・調査の際には、上の地図を持たせます。①〜⑥は、必ず立ち止まって観察・記録をする場所です。**人、建物、交通量などをノートに書き込んでいきます。**

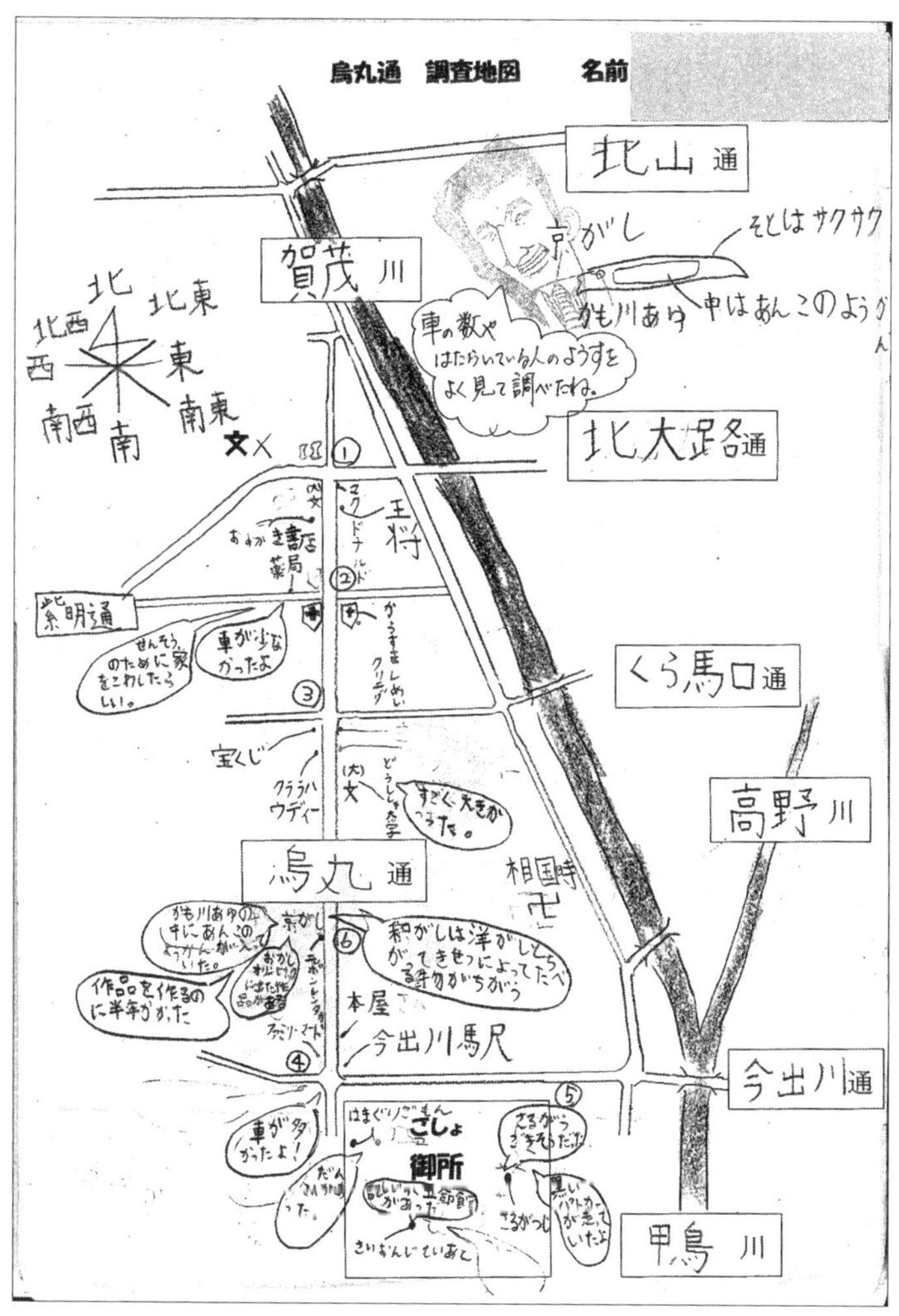

学校の南側を見学・調査した子どものノート

調査報告（第7〜9時）

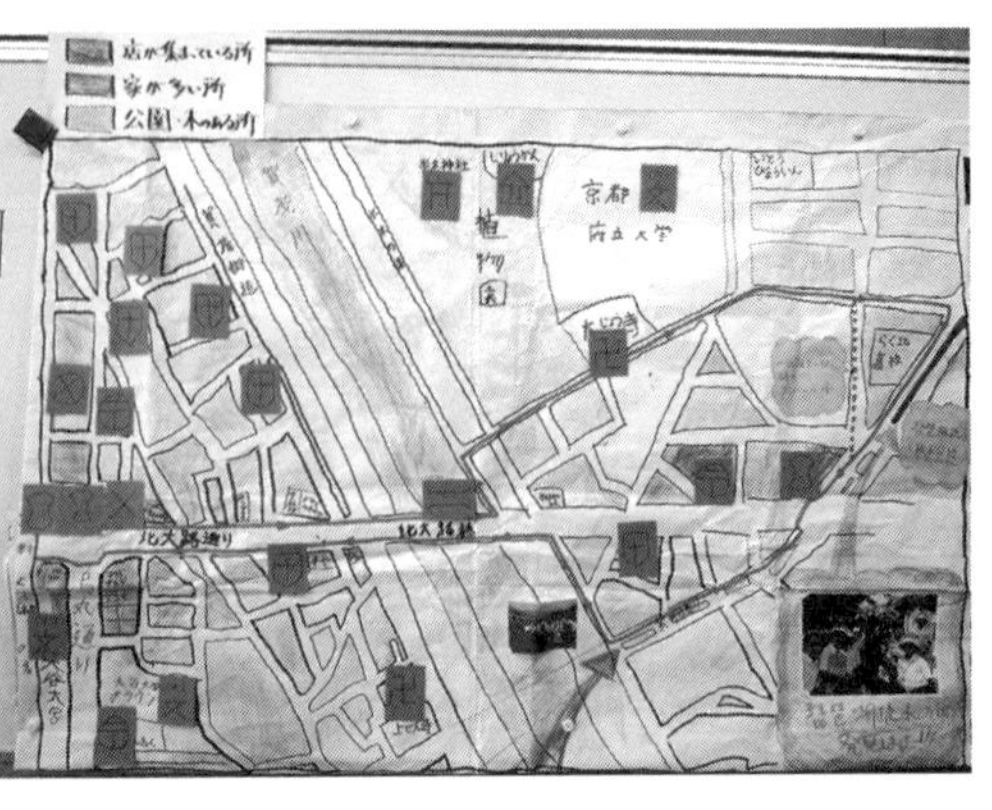

生活科マップを社会科地図に変身させます。病院や警察署などを地図記号に変えます。また、店が多い所、家が多い所、公園や木のある所という土地利用についても色分けをします。作業を通して、川沿いは緑が多いことや、広い通りから入ったところには病院が多いことなどに気づきます。

作業では「みんなで完成させたい」という「たい」が泳ぎます。**人数が多い学級ではグループごとに時間を決めて地図と新聞づくり**

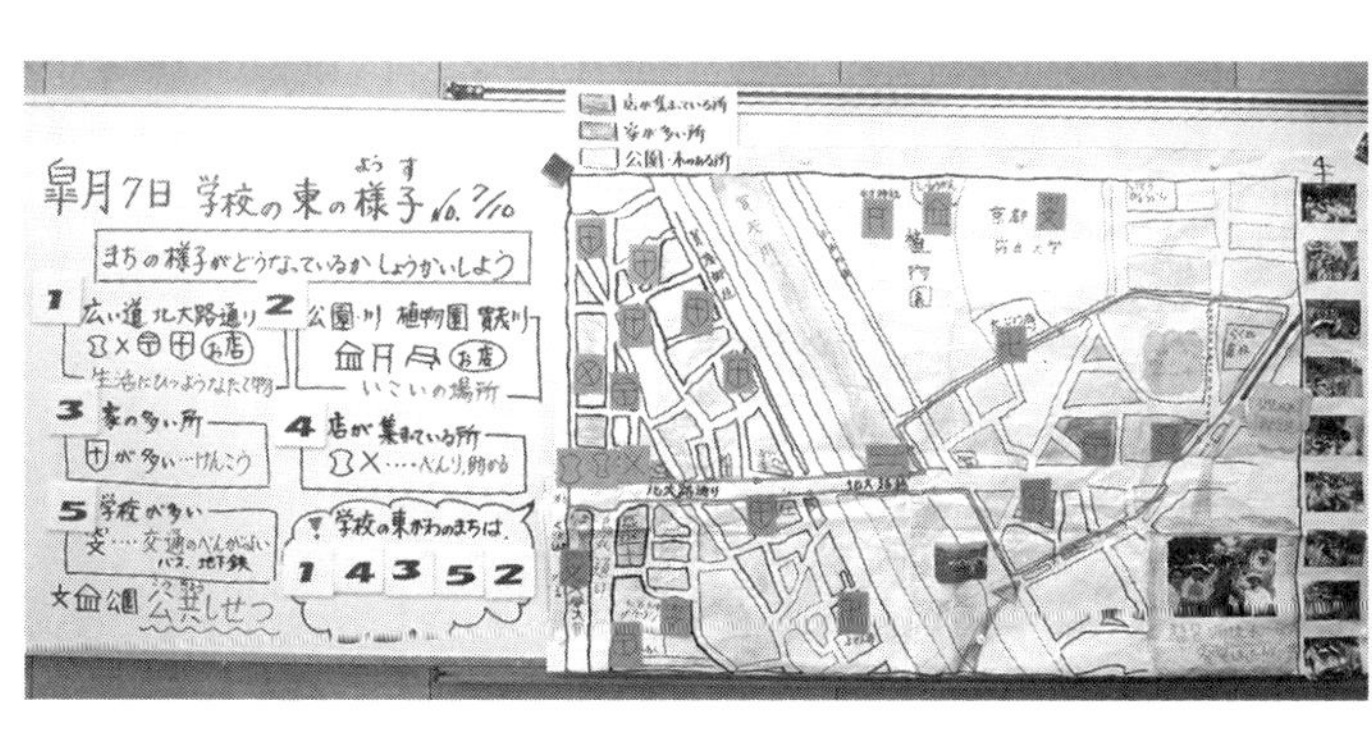

に分かれての作業が効率的です。

完成した地図をもとに見学・調査の結果からまちの様子を報告する時間です。報告や発表などで**「話したい」を引き出すコツは、話す視点を明確にもたせること**です。授業前半は、「広い道」「公園・川」「家の多い所」「店が集まっている所」「学校が多い所」という5つの視点を確認します。授業後半は、報告する視点の番号をボードに貼って行います。

写真のグループは①、④、③、⑤、②の視点順に学校の東側を紹介しました。

「北大路通りは銀行や郵便局、店など生活に必要な建物がたくさんあります。北大路通りから離れたところにたくさんの家があります。学校や病院も近くにあります。北大路通りの両側は働く場所です。少し離れると生活する場所になることがわかりました。…以下略」

まとめのテスト（第10時）

地域教材で学んだ内容を確認するには、市販のテストだけでなく、自作テストも必要です。そこで、テスト作成の手順とテストの具体例を紹介します。

①「これだけは」に基づいて「知識・理解」「思考・判断・表現」「技能」の3観点からテスト内容を洗い出す。「関心・意欲」は、見学・調査の態度や調査用紙などから評価する。

・知識・理解……………地図記号とその意味、方位記号といった基本的な内容を問う。

・思考・判断・表現…見学・調査したポイントから事象を取り上げて、その意味を問う。

・技能……………………調査地図から通りの名称や地図記号、方位、縮尺の活用を問う。

②3観点の点数配分を決める。本単元は、地図記号や地図の見方といった「知識・理解」と「技能」の内容が多い。そこで、その2観点の配点を8割として、残りの2割を「思考・判断・表現」とする。

③テストに取り入れる資料は、学習で取り扱ったものとする。

わたしたちのまち　テスト

３年（　　）組（　　）番　名前（　　　　　　　　　　）

1　地図記号と方位について答えましょう。（知識・理解 40 点）

①　次の地図記号や意味を書きましょう。

地図記号	意味
	①
②	市役所
	③
④	発電所
	⑤
⑥	広葉じゅ林

地図記号	意味
⑦	はく物館
	⑧
⑨	ぜいむ署
	⑩
⑪	果じゅ園
	⑫

②　次の（　　）にあてはまる方位を書きましょう。

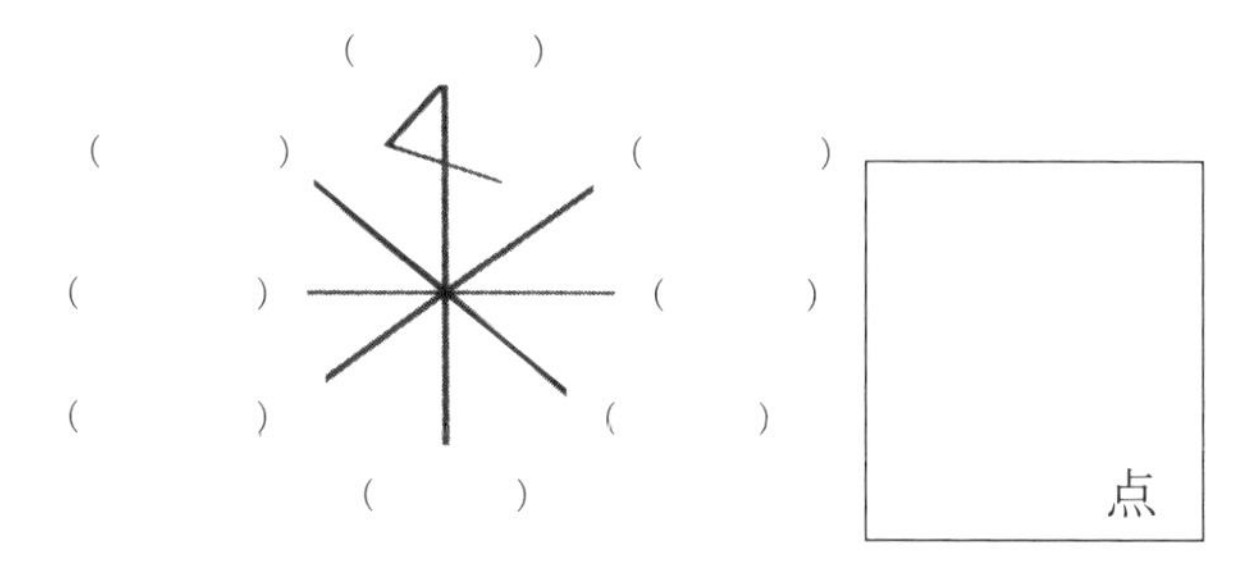

2　りつ子さんが、学校から京都の御所（ごしょ）までの地図を地図記号を使って作りました。地図中の文は立命館小学校です。
しゅくしゃくは、1cmが150mです。　（知識・理解／技能 40 点）

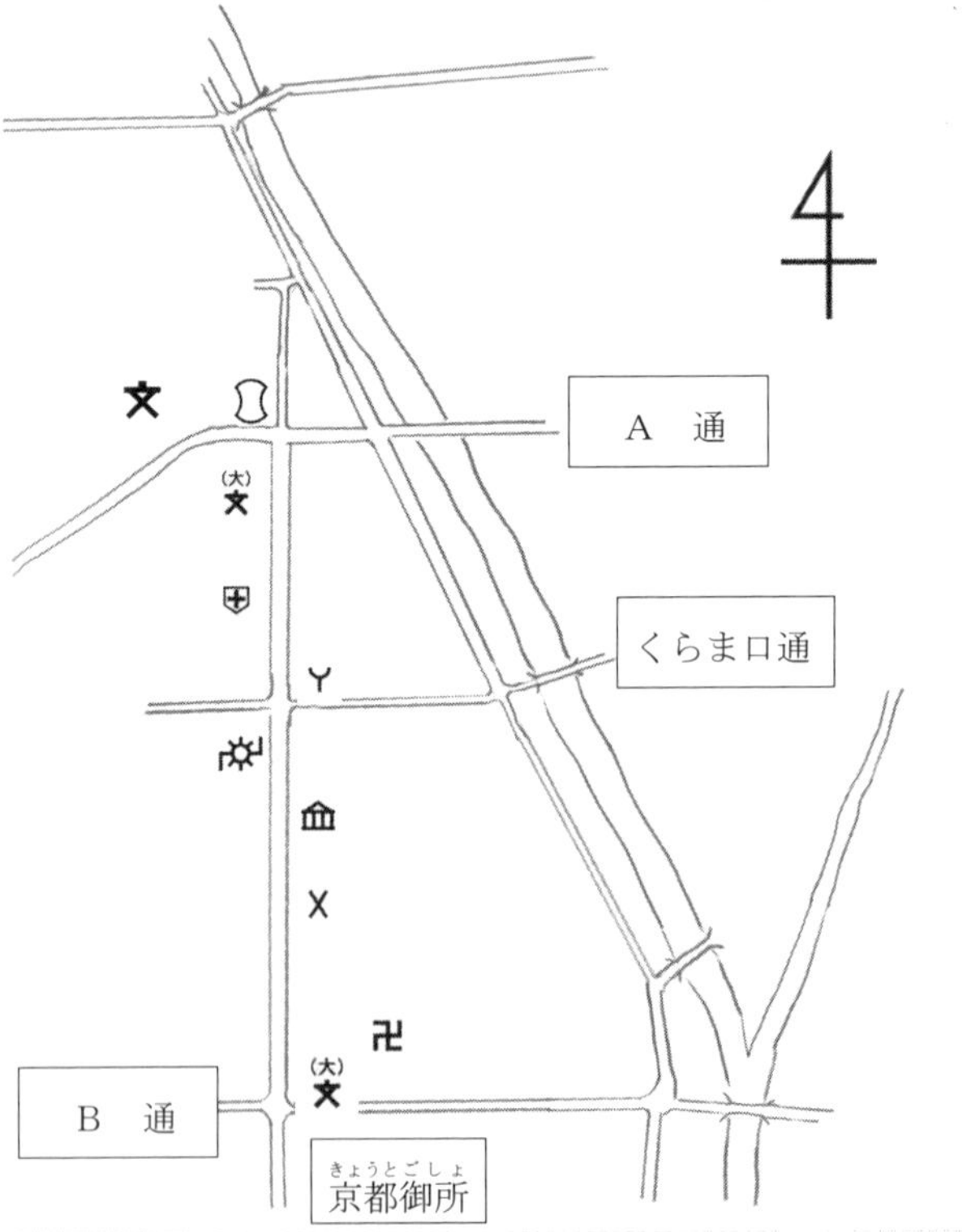

A　通

くらま口通

B　通

京都御所

①　A通は、立命館小学校の正門前の通りです。また、B通りは京都御所と同志社大学との間の通りです。それぞれ何通りですか。次の□に**漢字で書きましょう。**

A　　　　　　　　通	B　　　　　　　　通

②　立命館小学校から京都御所までたてにのびる通りの名前を答えましょう。**ひらがなでもよいです。**（5月18日の社会科見学で歩いた通りの名前です）

通

③　次の□に**八方位のいずれか**を書きましょう。

立命館小学校から銀行（ぎんこう）は［　　　］にあります。また、立命館小学校の［　　　］には大谷大学があります。さらに大谷大学の［　　　］には病院があります。

④　りつ子さんがつくった地図で、立命館小学校近くの大谷大学から京都御所近くにある同志社大学までの長さをはかったら１０ｃｍでした。**じっさいのきょり**は何km何ｍでしょうか。

km　　　　m

⑤　りつ子さんのつくった地図をよく見ると、立命館小学校から京都御所までたてにのびる通りには、じっさいにないたてものが地図記号で書いてあります。それはなんでしょうか。あてはまる地図記号の名前をすべて書きましょう。**1つとはかぎりません。**

3　京都御苑の中には、私塾「立命館」を開いた西園寺邸跡がのこされています。立て看板に書いてあることを読んで次の問題に答えましょう。

（思考・判断・表現　20点）

西園寺家は琵琶をうけつぐ伝統のある家です。かまくら時代に国のせいじを行った西園寺公経が今の金閣寺の地に別荘をつくりました。西園寺家がこの地にうつったのは1769年といわれています。西園寺公望はこの場所で私塾「立命館」を開きました。塾のひょうばんが高くなり多くのわか者が集まるようになりました。ついには100人にまでふくれたといわれています。私塾「立命館」の跡地には白雲神社がたてられました。

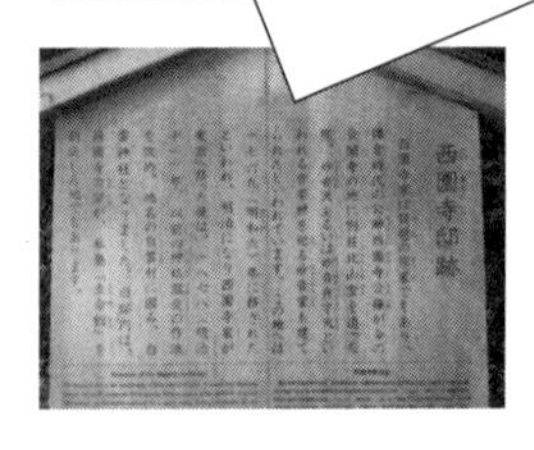

①　西園寺家はむかしからある楽器のえんそうを伝えてきた家です。それは何ですか。ひらがなでもよいです。

②　私塾「立命館」を開いた人は誰ですか。また、塾のあと地には、今は何がたっていますか。ひらがなでもかまいません。せいかくに書きましょう。

③　西園寺公望が私塾をつくったのはなぜですか。立て看板を読んで考えられることを答えましょう。

第4章

授業を楽しくする術を身につけよう！

Chapter4

教材研究術

教材研究には、大きく2つの目的があります。1つは、**指導者の知識や認識を深めること**です。そしてもう1つは、その**知識や認識をもとに授業を構想すること**です。

そこで、教材研究の具体的な方法を4つにまとめました。❶、❹は3~6年のどの学年でも重要で、❷、❸は地域学習が主になる3、4年の教材研究で重要になります。

❶資料（教科書、資料集、関連書籍）の研究から知識や認識を深める。

❷人や専門家から聞き取り調査をして知識や認識を深める。

❸現場を実地踏査し、知識や認識を深める。

❹資料研究や聞き取り調査、実地踏査をもとに授業構想をする。

教材研究の実際「源頼朝と鎌倉幕府」

私の勤務校がある京都の地には、実地踏査できる歴史的建造物や史跡がたくさんあり、それらにかかわる専門家がたくさんいます。❷、❸の教材研究ができることは、社会科教材研究においてとてもすばらしいことです。しかし、５、６年になると、多くの地域では❶、❹を中心とした教材研究が中心になるはずです。

そこで、ここでは６年「源頼朝と鎌倉幕府」の教材研究を❶、❹の視点から紹介します。

❶資料の研究から知識や認識を深める

教科書には「鎌倉幕府のしくみ」として、将軍と執権をトップに中央と地方に機関が枝分かれしている図が掲載されています。この図から、鎌倉に置いた役所の役割と地方の荘園や国々を監視、取り締まる諸機関が置かれたことがわかります。

しかし、この情報だけでは事実を羅列するだけの授業に陥りがちです。

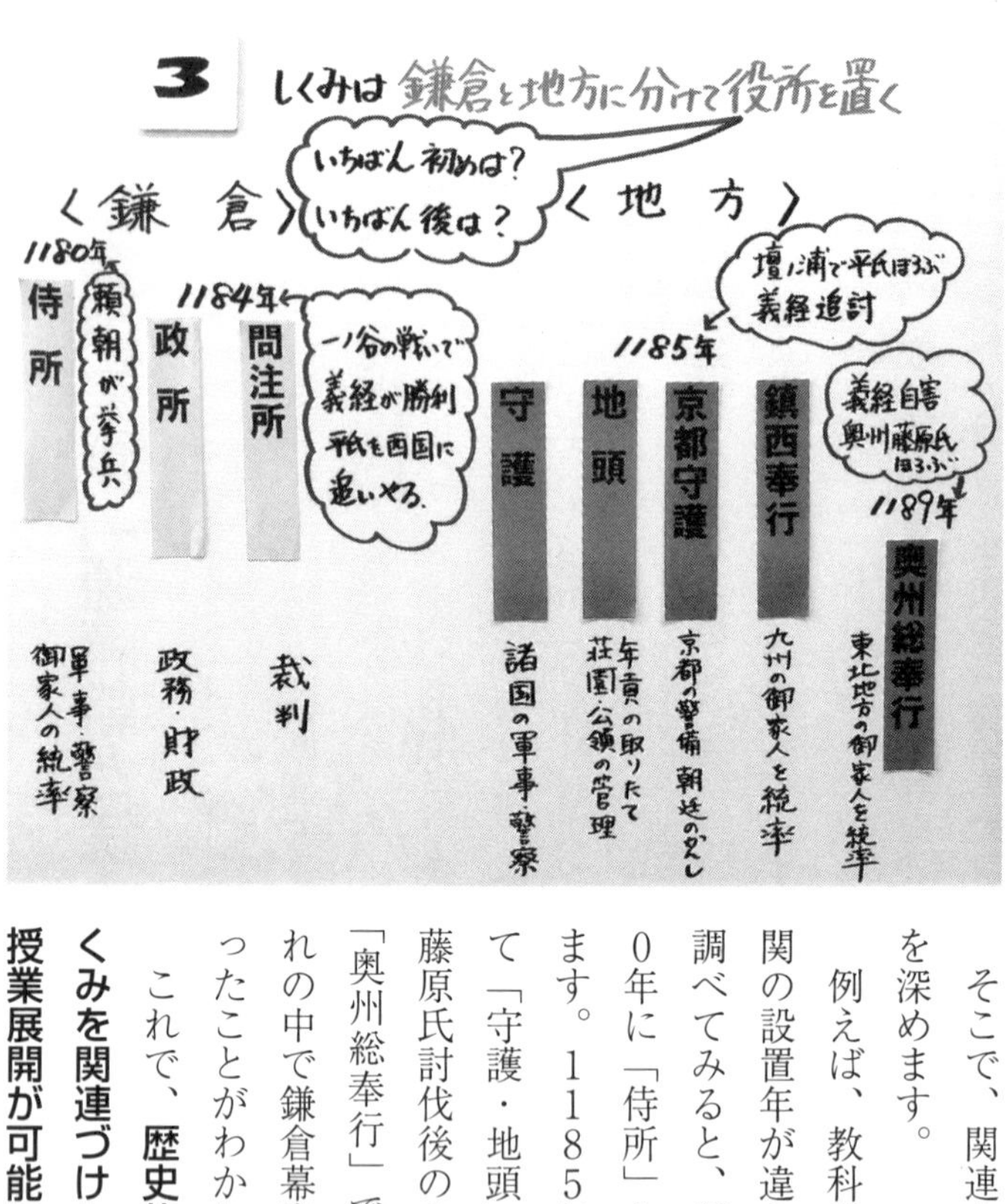

そこで、関連する資料で知識や認識を深めます。

例えば、教科書では鎌倉幕府の諸機関の設置年が違うことがわかりません。調べてみると、頼朝は挙兵した1180年に「侍所」を設け軍事態勢を整えます。1185年の義経追討に合わせて「守護・地頭」を置き、最後は奥州藤原氏討伐後の1189年に設置した「奥州総奉行」です。頼朝が時代の流れの中で鎌倉幕府のしくみを整えていったことがわかります。

これで、**歴史的事象と鎌倉幕府のしくみを関連づけたストーリー性のある授業展開が可能になります。**

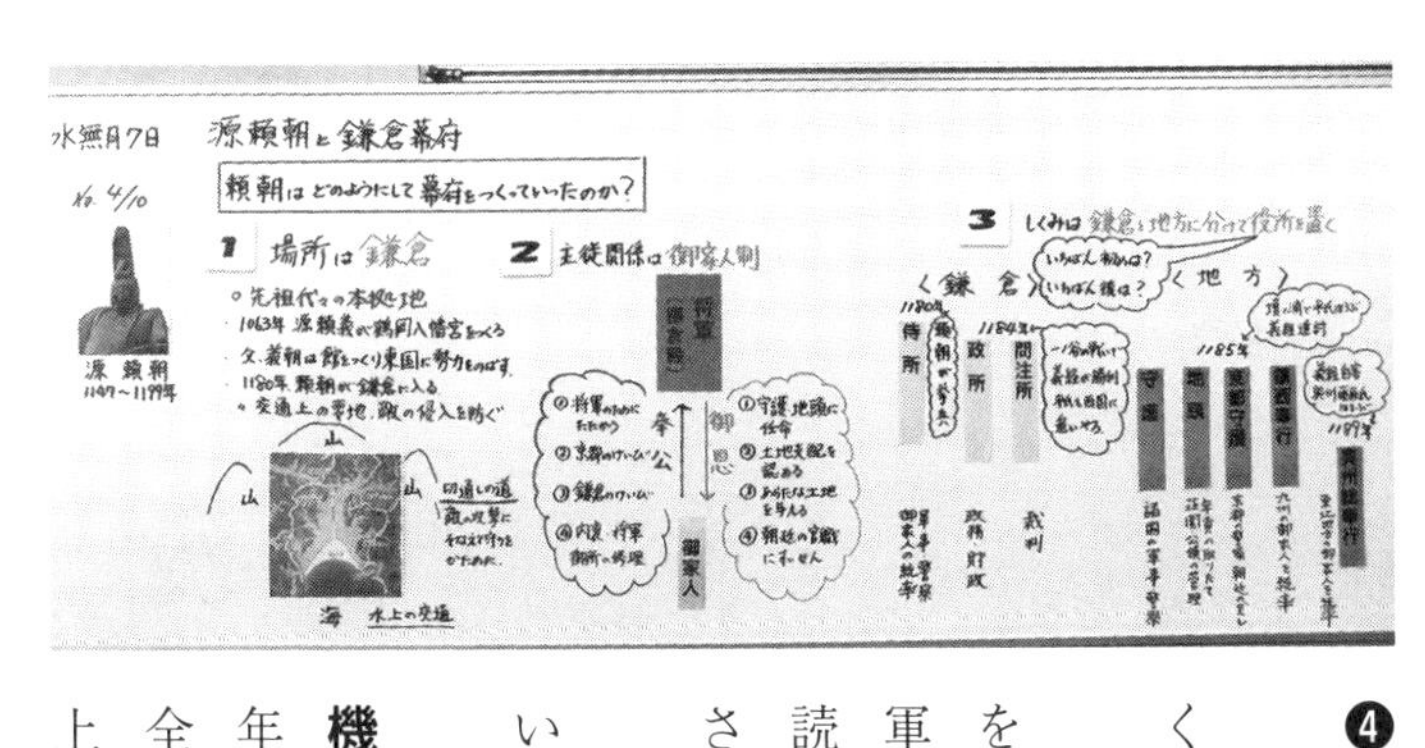

❹資料研究をもとに授業構想をする

「場所」「主従関係」「しくみ」の3視点から、頼朝が幕府づくりをしていく事象をとらえる授業を構想します。

場所については、教科書の復元模型図から、東西と北の三方を山が囲み、南側が海に面していること、「切通し」のため大軍で一気に攻められないこと、海から舟で物資が運べることを読み取り、軍事、経済、交通など多面的な見方で鎌倉の地のよさを話し合わせていきます。

主従関係については、『鉢の木物語』から、御恩と奉公の強い絆で結ばれていたことをとらえさせます。

幕府のしくみについては、**「頼朝が鎌倉に幕府を開くのと諸機関の設置はどちらが先ですか？」**と問います。諸機関の設置年が明らかになり、その年の歴史的事象と照らし合わせたとき、全国統一を目指す頼朝の巧みな戦略に驚き共感するでしょう。

上の写真は、以上の構想を板書に表したものです。

教材研究に欠かせない「ネタ」の開発

有田和正先生の有名な語録の1つに**「材料七分に腕三分」**があります。授業は教材の質で7割は決まるということです。常に新鮮なネタを用意するからこそ、子どもたちが授業に熱中するのです。

私が有田先生に授業実践を通して指導していただいた際は、必ず「ネタ」「発問」「板書」の3つが話題となりました。「ネタ」については、「へぇ」を単位として本時のネタの質を評価されていたことを思い出します。「へぇ」は、あるテレビ番組で流行っていたものです。おもしろいと「へぇ」が飛び出し「80へぇ」や「100へぇ」になるのです。ちなみに私がいただいた最高得点は「120へぇ」でした。「ビール一杯三十万」の実践です。

「柳沼くん、今日は『120へぇ』が出たよ。一緒に30万のビールを飲みに行こうか。当然、きみのおごりだよ。はっはっはっ」

次に、私が実際に行ったネタの開発を、5年の単元からいくつか紹介します。

❶消火栓の形や色の違いから見るくらしの工夫（日本の国土とわたしたちのくらし）

地形や気候などの自然条件と深くかかわるくらしの工夫に、「消火栓」の形や色から迫ろうというネタです。

まず、**気候の異なる４つの地域の消火栓の写真を用意します。**札幌市（黄色の地上式消火栓）、上越市（地上式で高さが２ｍある消火栓）、京都市（校区の地下式消火栓）、糸満市（南国の地下式消火栓）の４つの地域を選びました。

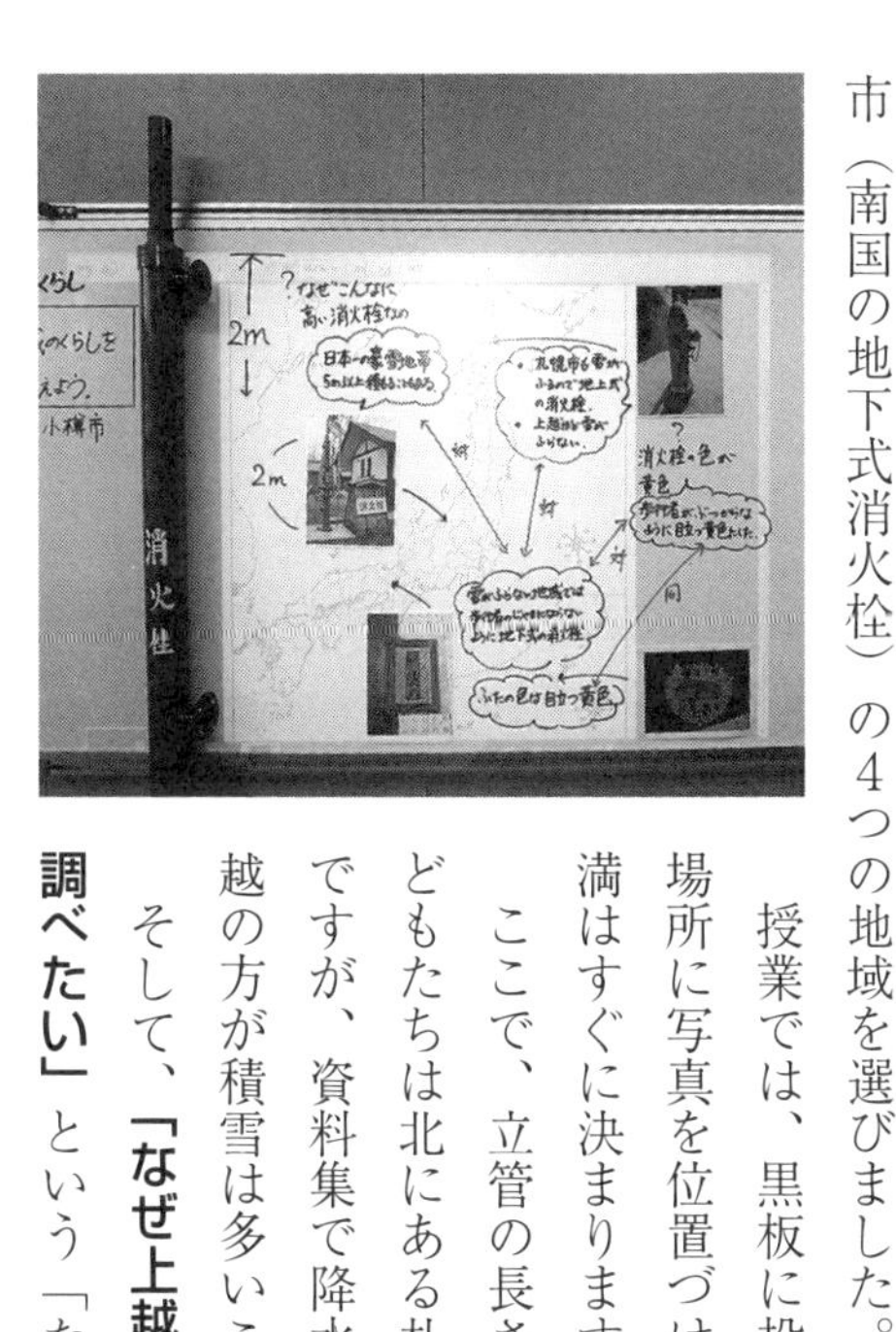

授業では、黒板に投影された日本地図上のそれぞれの場所に写真を位置づけさせることにしました。京都と糸満はすぐに決まりますが、後の２つは意見が分かれます。

ここで、立管の長さから降雪量が話題になります。子どもたちは北にある札幌の降雪量の方が多いと考えがちですが、資料集で降水量を表すグラフを比較すると、上越の方が積雪は多いことがわかります。

そして、**「なぜ上越市が札幌市より降雪量が多いのか調べたい」**という「たい」が次に生まれます。

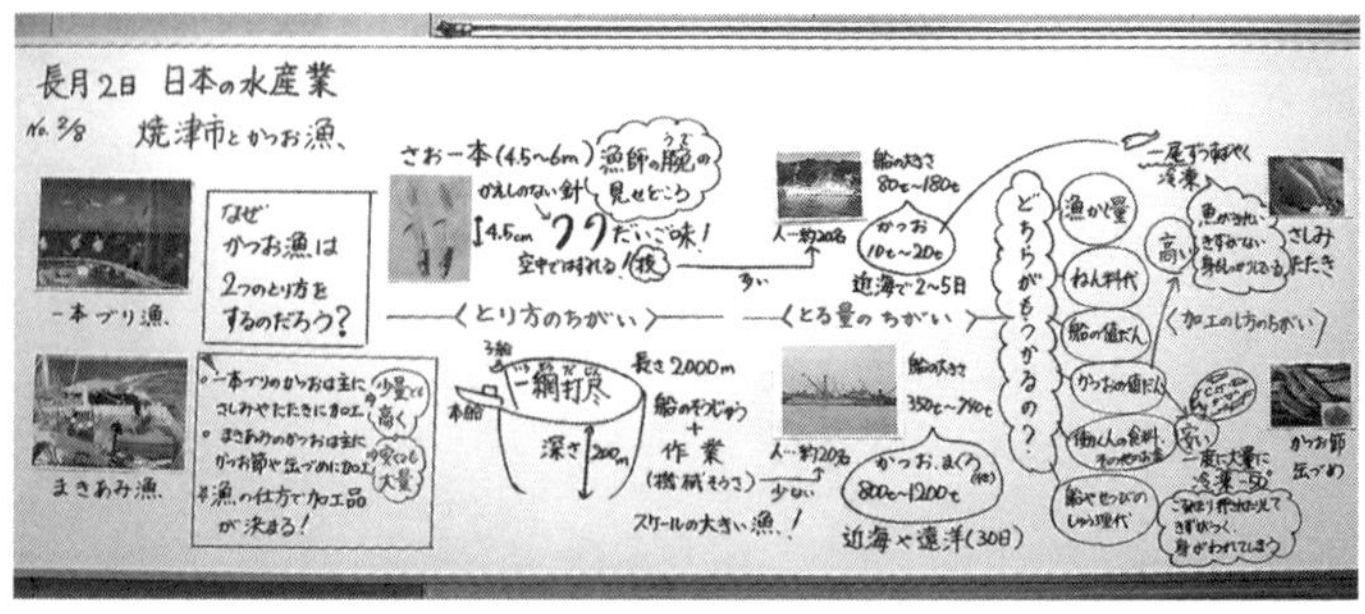

❷なぜかつお漁は2種類あるのか？（水産業のさかんな地域）

教科書では、巻き網漁でさば、あじ、たいなどの魚が水揚げされる沖合漁業と、かつおの一本釣りの遠洋漁業を事例として取り上げています。

しかし、ネタとして、同じかつおの巻き網漁と一本釣りを取り上げ、2枚の写真を提示します。子どもたちに、**「なぜ、同じかつおを獲るのに、漁の種類が2つあるのだろう？」**という疑問をもたせるためです。

2つの漁の違いを「獲り方」と「漁獲量」から探っていきます。文字通り1匹ずつ釣り上げる一本釣りに対して、巻き網漁は一網打尽の獲り方です。漁獲量は圧倒的に巻き網漁が多いので、「どちらが儲かるのだろう？」と問えば「巻き網漁に決まってる！」の声が返ってくるでしょう。**「ではなぜ、一本釣り漁があるのか」**。この新たな問いに対して、魚の加工の違い（刺身用か缶詰用か）という解決の糸口を見いだしていきます。

❸菜の花で車が走る（これからの食料生産とわたしたち）

東近江市愛東は、１９７７年、琵琶湖の大規模な赤潮発生をきっかけに「石けん運動」が始まった所です。住民の環境への意識がとても高く、１９９８年に「ドイツのように、菜の花で車を走らせよう」と新たな提案を行い、「菜の花エコプロジェクト」が誕生しました。収穫した菜種は搾油して菜たね油として販売したり、地産地消として学校給食に利用したりしています。油かすは肥料として利用されています。廃食油は市のガソリンスタンドや市内バスの回収ボックスで集められＢＤＦ（軽油代替燃料）にリサイクルされます。そして、公用車や市内バスなどの燃料に使われます。

菜の花で車を走らせ資源を循環させる取り組みが、**環境保全の恰好のネタ**になります。

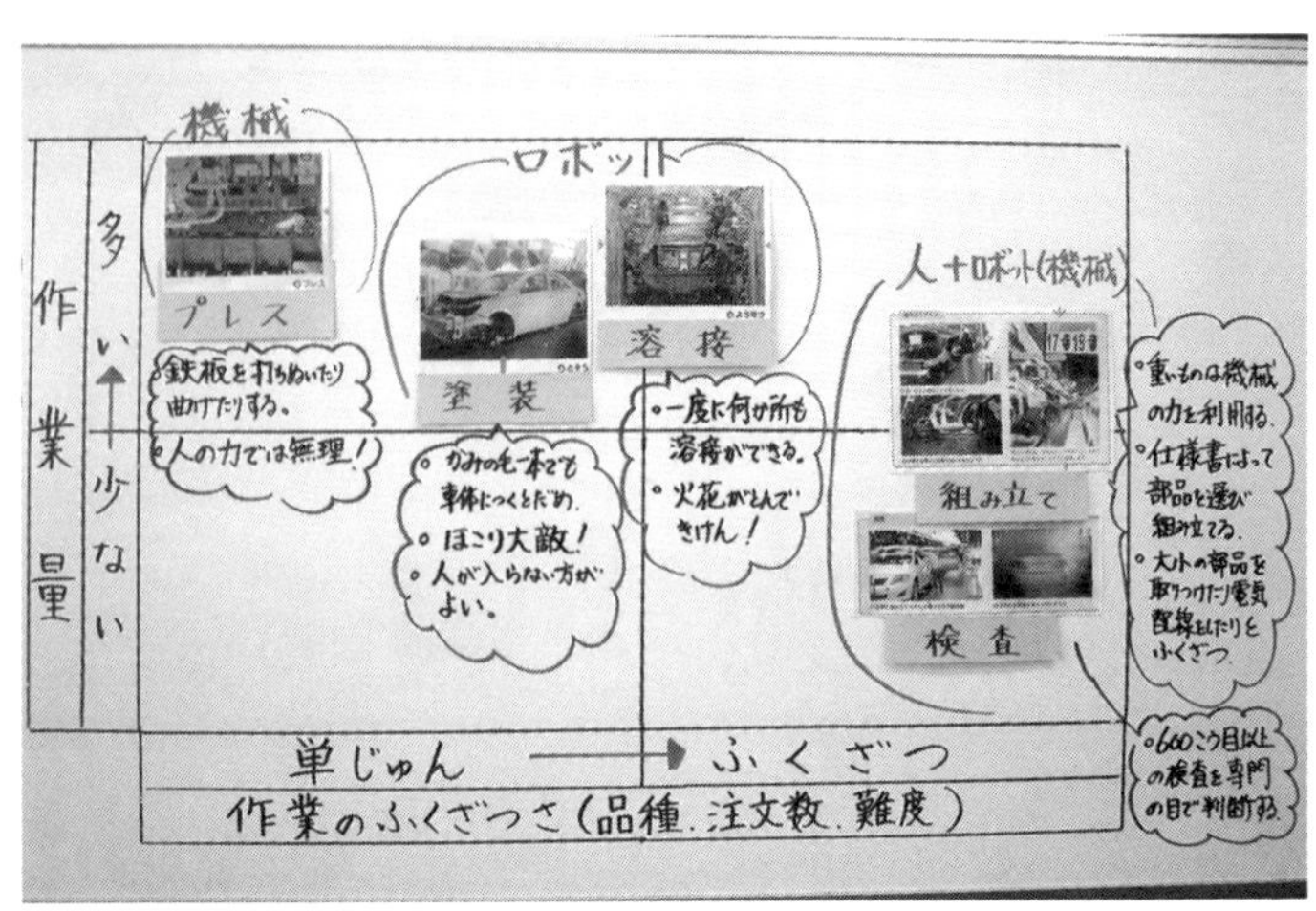

❹二次元表で人とロボットの働きを可視化（自動車をつくる工業）

作業内容を二次元表に位置づけ、自動車の生産にかかわる人と機械・ロボットの役割を可視化するネタです。縦軸を「作業量」、横軸を「作業の複雑さ」とした**二次元表を作成**し、四分割します（二次元表は「ロボット技術導入事例調査」（経済産業省、2011年3月）を参考に作成）。

「プレス」は大型機械で、単純な作業を素早く大量に行うことから表の左上に位置づけます。他の4つの作業工程も「作業量」と「複雑さ」から検討し、表に位置づけます。作業内容が複雑なほど人のかかわる仕事が増え、逆に作業内容が単純で作業量が多くなるほど危険度が増し、大型機械やロボットの活躍が見えてきます。

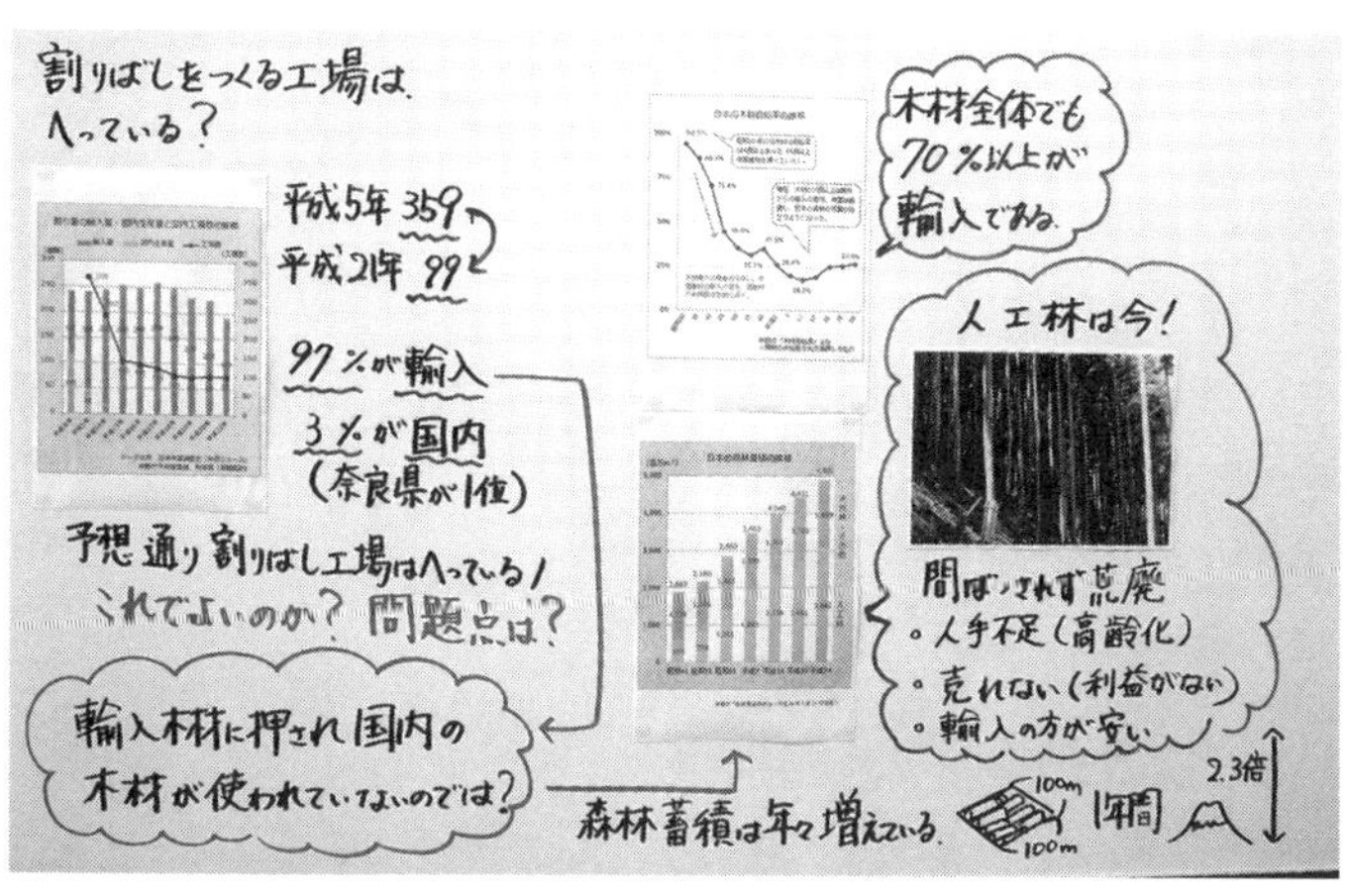

❺割り箸はいりません。本当に？（わたしたちの生活と森林）

以前は、割り箸がコンビニ弁当と一緒に包装されていました。しかし、1999年の5月に、大手のコンビニ・チェーンが環境保護への取り組みから、レジにて「割り箸をお付けしますか？」と客に尋ねる方法が開始されました。今では割り箸を使うことが負の社会風潮さえあります。

実は、ここが目のつけどころになります。**一概に「割り箸を使ってはいけない」とは言えない日本の森林の現状がある**のです。戦後に植林した人工林が人手不足や需要不足で荒廃している環境問題に切り込んでいきます。

お届けから2時間以内にお召し上がり下さい。
森林保護育成の為、国産ヒノキ間伐材を使用しております。

国産の間伐材の使用を明記した割り箸袋

発問術

「発問」とは教師が発する問いかけですが、授業の段階によってその役割は違います。

❶授業の導入段階…「はてな?」を引き出すこと
❷授業の展開段階…「はてな?」を多面的に考えることを促すこと
❸授業の終末段階…「はてな?」を解決に導くこと

❶~❸の発問により、子どもの思考は拡散と収束を繰り返します。❶では主に拡散します。❷では拡散と収束を繰り返します。❸では主に収束に向かいますが、拡散で次の授業への連続性をもたせる展開の仕方もあります。

隠すこと、それは「無言の発問」

導入で、教材研究で見いだしたネタ（写真や資料）を提示します。その際、教師が余計な説明をしなくても、提示しただけで「はてな？」を引き出す方法があります。

例えば、表題と単位を隠して折れ線グラフを提示するのです（ただし、出典「農林業センター調べ」は記載しておきます）。子どもたちは「あれ、何のグラフだろう？」と考えます。そして、出典を見て、「木材の出荷量」や「森林の面積」といった表題を予想します。次に教師は、表題は見せずに、単位だけ提示します。単位は、子どもたちの予想にはない「頭」です。子どもたちは、「えっ！　何だろう…？」と、また折れ線グラフの表題を考え始めます。

このように、**提示する資料の一部を隠すことが無言の発問になる**のです。

ちなみに、この折れ線グラフの表題は、「森林のシカをとらえて殺した数」です。子どもたちには新たな「はてな？」が生まれます。

既知を未知に変える「ゆさぶる発問」

既知を未知に変えるのが「ゆさぶる発問」です。この発問によって、子どもの認識は次のように変化します。

●知っている→「あれ？ おかしい」→わからなくなってきた
●あたりまえ→「あれ？ おかしい」→わからなくなってきた

ゆさぶるためには、既知を未知に変える要素を含んだ課題提示が必要になります。例えば、5年の森林学習で、「マイ箸より割り箸を使いましょう」という課題を提示します。子どもの多くはこれに反対するでしょう。そこで、**「でも、スーパーでくれる割り箸の袋には『森林保護育成』のためになると書いてあるよ。これはなんで？」**という発問でゆさぶりをかけ、その裏にある日本の森林事情の学習へと導いていきます。

根拠を問うことで機能する「広げる発問」

子どもの多様な見方や考え方を引き出すのが「広げる発問」です。広げる発問というと、「どう考えますか？」「どう思いますか？」といった問いかけが多くなりますが、加えて**「それはなぜですか？」と根拠まで問うことがポイント**です。

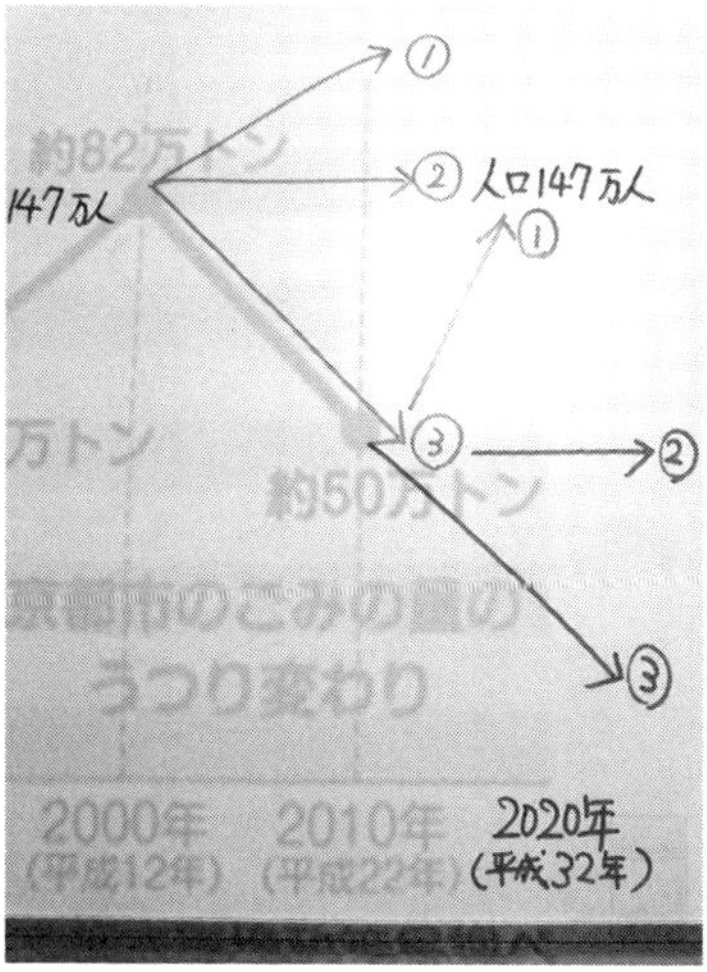

例えば、4年のごみの学習で、今後のごみの量の移り変わりを問いかけます。

「2010年以降、ごみの量はどうなると思いますか？　また、それはなぜですか？」

「私は、今後減っていくと思います。なぜなら、ますます3R運動が盛んになると思うからです」

学習の成果が根拠の中で聞かれます。

比較の観点で絞り込む「選択の発問」

AかBかを選択させる発問です。ゲーム性があり授業の雰囲気が楽しくなります。ただし**この発問も、選んだ根拠を明らかにさせ、深めていくことが大切**です。**選択するということは、比較する観点があるということ**です。比較の観点が根拠になります。それは、視覚、聴覚、嗅覚、味覚、触覚といった感覚的なものから、製造のコストや顧客の需要度、競争面などの科学的なものまで様々です。

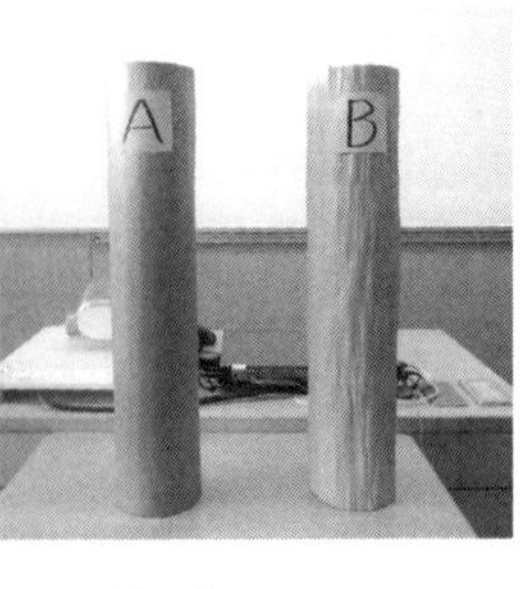

例えば、3年「北山丸太をつくるしごと」の学習で、床柱に用いられる丸太を提示し「AとBではどちらが高いだろう?」と問います。子どもが最初にもつ比較の観点は見た目（光沢、模様、色）、肌触り、重さなど感覚的なものです。次に「つくるのに手間がかかるのはどちらでしょう?」と問います。そうして、技術や時間など科学的な観点で選択するようになります。

学びの成果を確かめる「深める発問」

「深める発問」は、授業の終末によく使われます。**拡散した思考を収束に向かわせる発問**と言ってもよいでしょう。深める発問によって収束した考えは、次のような姿となって表出します。表出した姿で学びの成果を確かめることができます。

●社会的事象の根拠を明確にして事実に迫る姿
●人物の思いや願いに迫ったり、共感したり、寄り添ったりする姿
●よりよい見方や考え方を見いだす姿

例えば、6年「戦争と平和」の終末で、野口英世が生きた時期に起きた3つの戦争（日清戦争、日露戦争、第一次世界大戦）について、「世界の人々の命を救った野口英世は、3つの戦争をどのように考えていたのか」と問い、人物の思いや願いに迫らせます。

板書術

ＩＣＴ機器が発達した今日においても、教室から黒板はなくなりません。なぜでしょうか。それは、教師と子どもが学びを共有できる、身近でシンプルなツールだからです。

社会科の授業において、板書にはおおよそ３つの役割があると言えます。

●コミュニケーションの場となり、問題解決の達成感や充実感を味わわせる。
●学びの内容を比較、統合する場となり、思考や判断を促す。
●学びの道筋を示し、確かな知識・理解を身につけさせる。

このような役割を果たすための板書術を述べていきます。

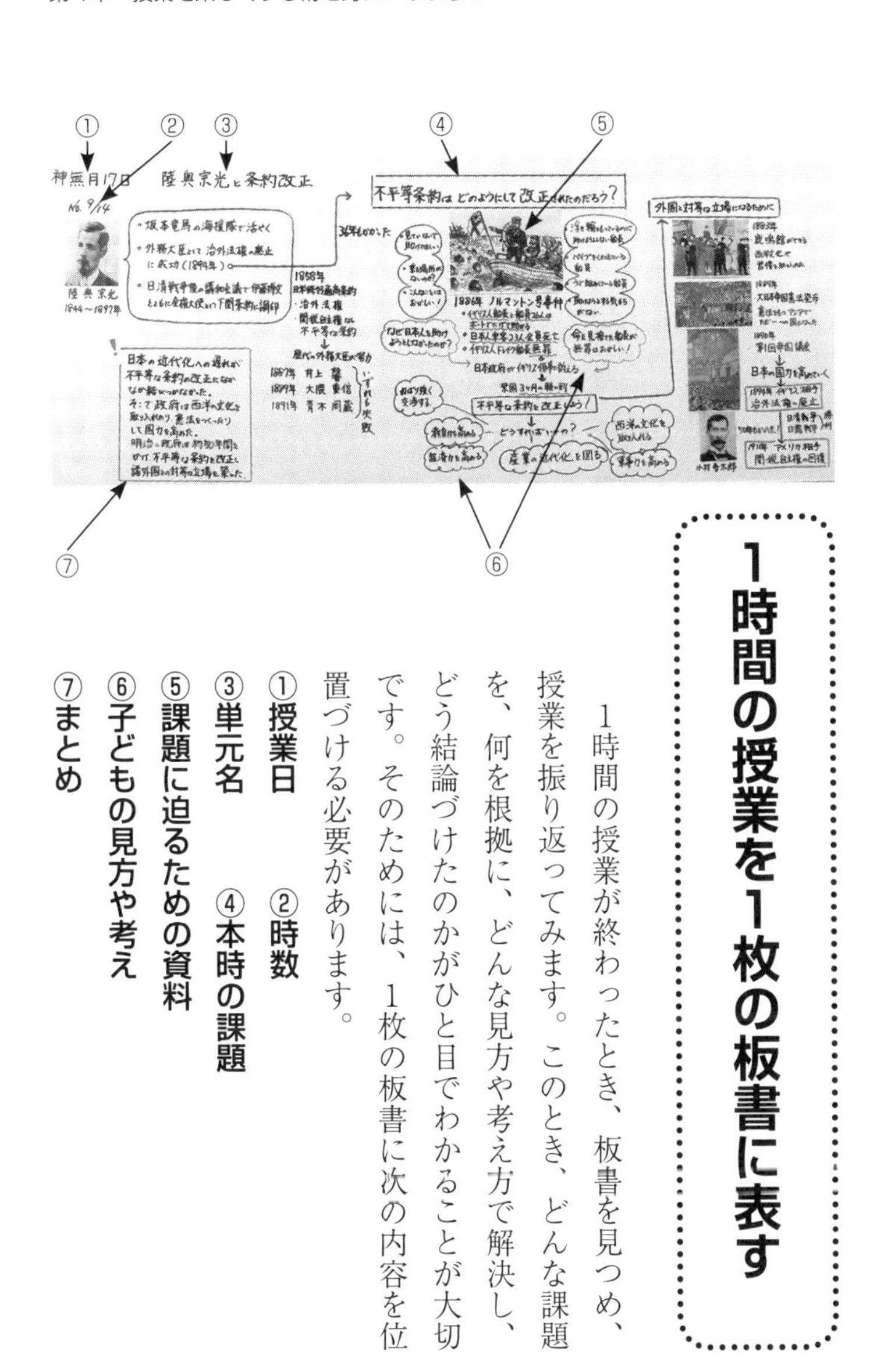

1時間の授業を1枚の板書に表す

1時間の授業が終わったとき、板書を見つめ、授業を振り返ってみます。このとき、どんな課題を、何を根拠に、どんな見方や考え方で解決し、どう結論づけたのかがひと目でわかることが大切です。そのためには、1枚の板書に次の内容を位置づける必要があります。

①授業日　②時数
③単元名　④本時の課題
⑤課題に迫るための資料
⑥子どもの見方や考え
⑦まとめ

チョークは「絹ごし」に限る

「板書は美しくなければならない」が持論だった有田和正先生に教えていただいたのが、チョークの選び方とチョークの持ち方・書き方です。

❶チョークの選び方

チョークには、表面が青っぽい色でコーティングされた硬いものと、絹ごしの柔らかいものの2種類があります。小学校では、後者で太く濃く書くことが理想的です。

❷チョークの持ち方・書き方

チョークをよく見ると、先の太さが違います。どちらで書くのかというと、太い方です（製造過程で細い方には不純物がたまるのだそうです）。

チョークは、人差し指の腹で先を押さえ、回転させながら書きます。太さを回転で調整できるようになると、縦画は太く、横画は細く書けるようになります。

ホワイトボード用のペンは太字の平芯で

私の勤務校はホワイトボードを使っています。前任校は黒板だったので、当初、ボードペンで板書することに抵抗がありました。しかし、**板書の基本である「美しい文字」は、ホワイトボードでも同じ**ことがわかってきました。経験から得たコツを紹介します。

❶ペンの選び方

ボードペンは太字の平芯を選びます。チョーク同様に太く濃く書くことができるからです。丸芯は文字には用いません。縦画と横画の太さの違いを表せないからです。

❷ペンの持ち方・書き方

ペンの持ち方は鉛筆持ちです。右手で書く場合は、ペンの先端を左側に向けペンを回転させずに固定して書きます。そうすることで、縦画は太く、横画は細く書くことができ、美しく見やすい文字が書けます。

文字の色はシンプル、大きさはグー

❶文字の色

黒板の場合、９割は白色のチョークを使います（ホワイトボードなら黒）。そして、重要語句のみに別の色を使用します。

色を多用せず、２色でシンプルな方がわかりやすい板書に仕上がります。

●黒板…通常の文字は白色、重要語句は黄色

●白板…通常の文字は黒色、重要語句は青色（色覚的配慮がいらない場合は赤色も可）

❷文字の大きさ

文字の大きさは最後列の子どもが見える大きさがベストで、握り拳（グー）が基準です。

●通常の文字　　…グーが1つ

●単元名や見出し…グーが2つ（場合によっては3つ）

矢印や吹き出し、囲みでよりわかりやすく

❶矢印

次のような場面で学びの理解を助けるために用います。

●あることに注目させる　**●方向や順序を示す**　**●比較させる**

●整理・統合させる　**●拡散・収束させる**　**●関連性や連続性を示す**

❷吹き出し

「思いや願い」「考え」を書くときに用います。吹き出し先の**「ひと・もの・こと」への距離感が縮まり、寄り添って考えさせる**効果があります。

❸囲み

「めあて」「見出し（小見出し）」「まとめ」など、**押さえるべき要点を示す**際に用います。

ネームプレートや付箋で一人ひとりに意思表示させる

❶ネームプレート

子ども一人ひとりを授業に位置づける役割があります。子どもの考えをネームプレートで示すことは、その子自身を認めることになります。また、AかBかを選択する場合にもネームプレートを用いて、一人ひとりに意思表示をさせます。意見交流後のプレートの移動（意見の変更）が容易なので便利です。

❷付箋

自分の考えを付箋に書き黒板に貼らせます。黒板の前では、付箋を介した活発な意見交流が展開されます。

社会科用語は漢字表記が大前提

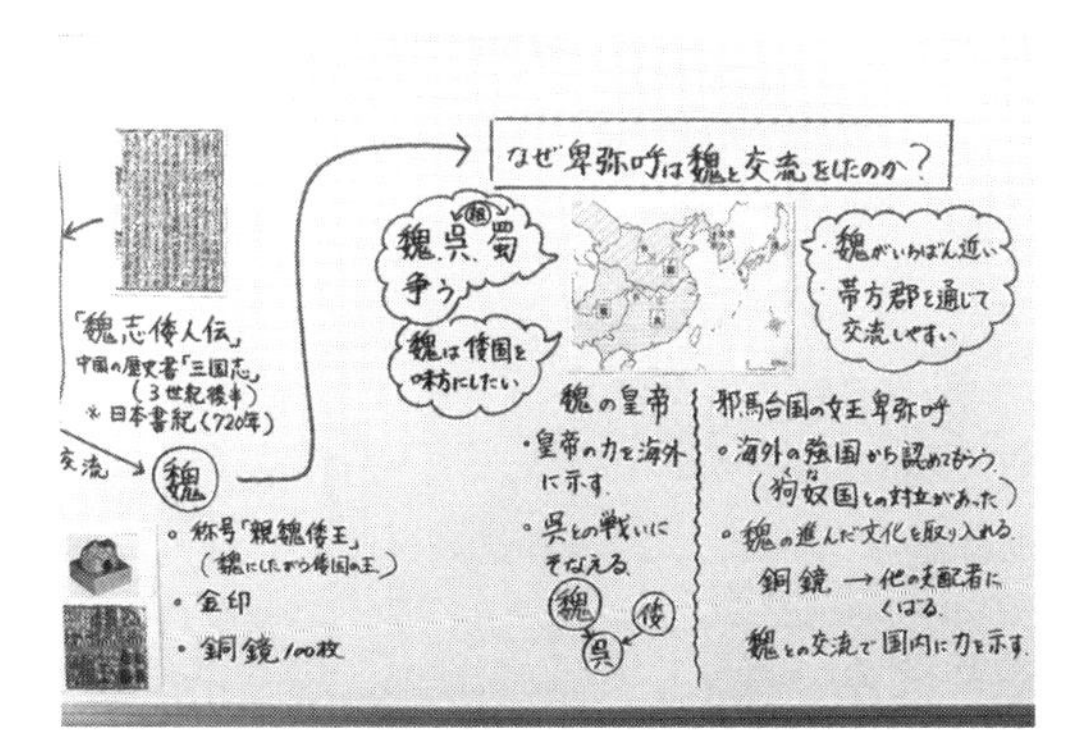

社会科では、難しい漢字が出てくる場合が少なくありません。しかし、安易に平仮名で書いてはいけません。なぜなら、漢字には意味があるからです。

例えば、「卑弥呼」です。

一説によると「卑弥呼」は「姫子」「巫女」が変形して「魏志倭人伝」に記載されたと言われています。日本の女王に「卑しい」という漢字を用いていることから、当時の力関係を読み取ることができます。これは、平仮名の「ひみこ」ではわからない、**漢字で書いたからわかる歴史的事象の意味**です。

このように、社会科用語は漢字で書くのが大前提です。

ＩＣＴ活用で学びを瞬時に反映する

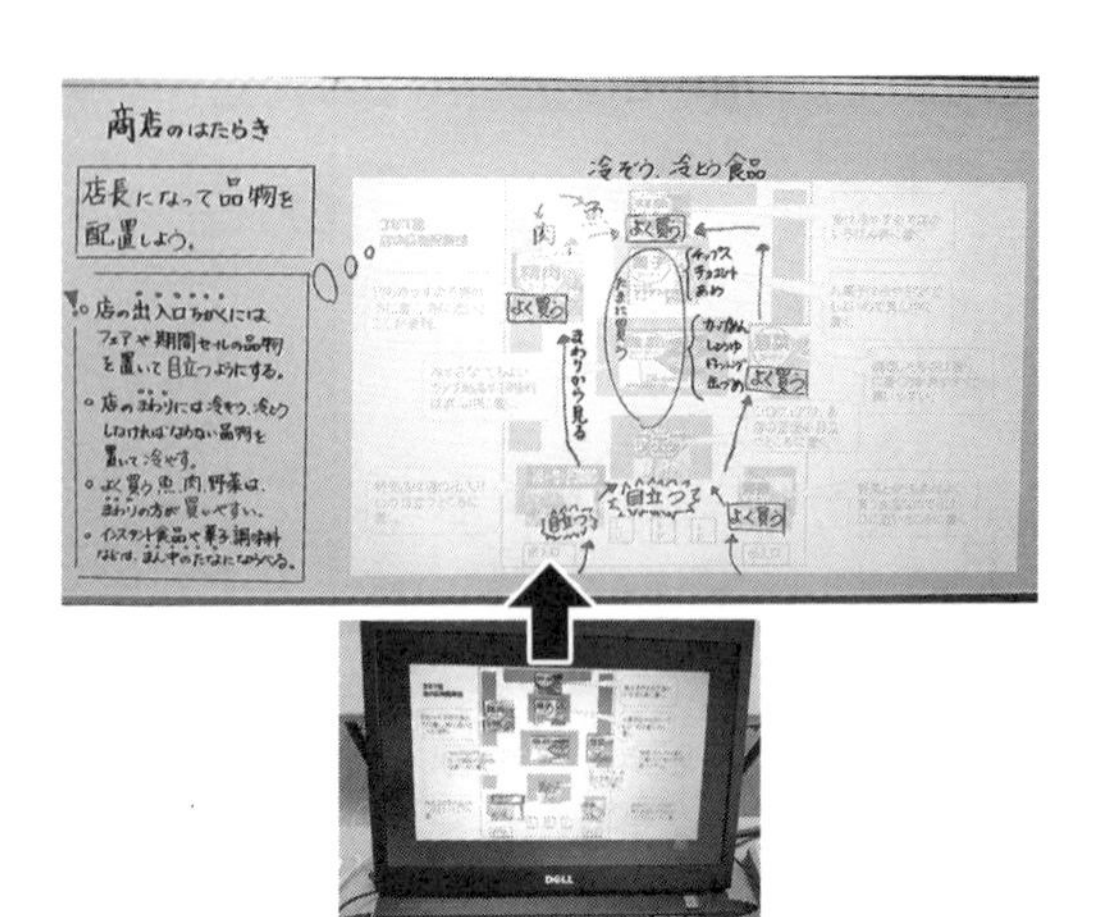

今の教育現場には、電子情報ボードやパソコン、実物投影機など様々なＩＣＴ機器が導入されています。有効に使えるようになるにはそれなりの研修を積む必要があります。私はＩＣＴ機器に強い方ではありません。しかし、いざ活用してみると、こんなに便利なものはないことに気づきます。

例えば「商店のはたらき」で商品の並べ方から販売側の工夫や努力を考える授業があります。子どもが考えた商品の位置を教卓のパソコンで操作して黒板に投影し、意見交流をさせます。**考えたことが瞬時に反映されることの効果は大きい**ものです。

板書案から指導案をつくる

指導案には、申し訳程度に板書計画が記載されているか、まったく記載されていないかのどちらかがほとんどです。

私は、指導案の書式は研究内容によっていろいろあってよいと思っています。しかし、板書は特に重要な情報として、指導案に位置づけたいところです。その理由は、**構想段階で授業の具体像を正確に描けるのは板書しかないから**です。板書には、ねらいや予想される子どもの発言、押さえるべき内容、まとめなど、授業の具体像が１枚で示されます。

かく言う私も、新採用のころは「指導案ができたから、板書案もやってみるか」タイプでした。しかし、ある時期に順番が逆であることに気がつきました。**学級の子どもを思い浮かべながら「あの子はきっと…」「この子はきっと…」と、考えていると、指導案で考えたことがどんどん変化する**のです。ですから、「板書案ができたから、これをもとに指導案をつくるか」タイプになることをおすすめします。

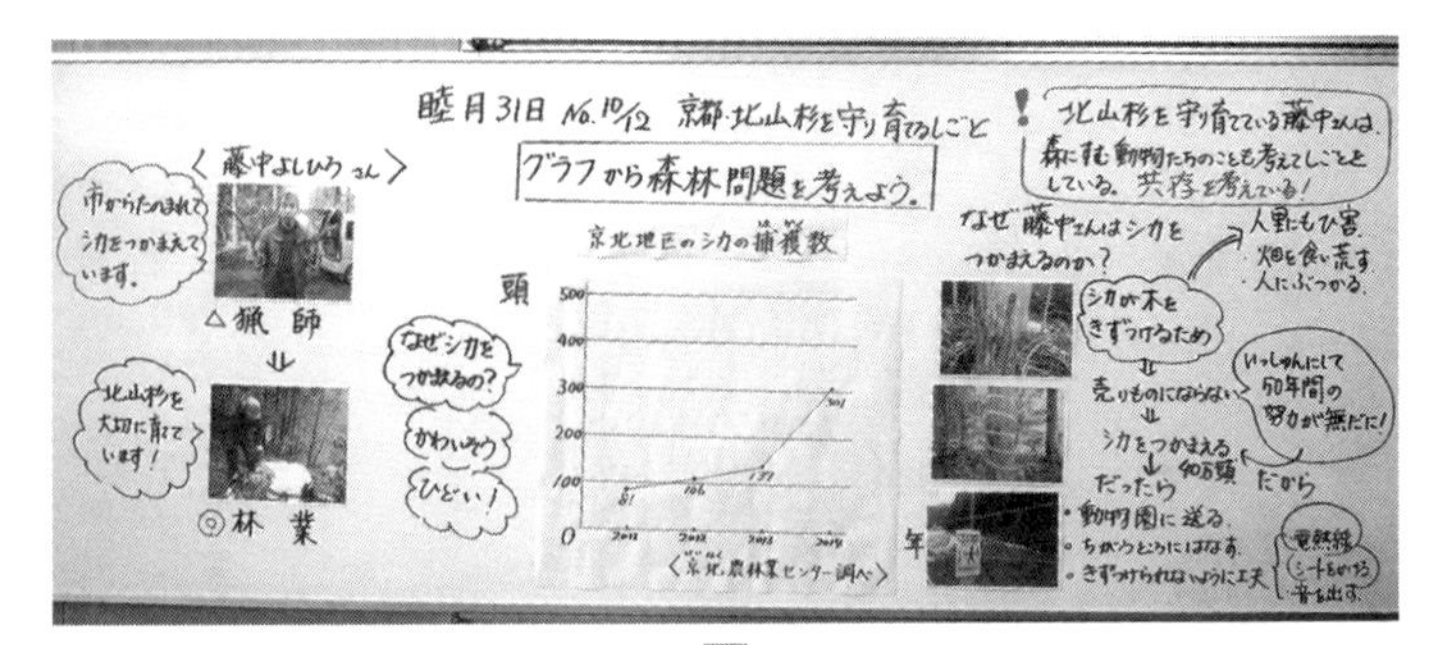

板書案から指導案をつくる

4．本時の展開

（1）目標

・シカの駆除を表す統計資料から，獣害と向き合いながら北山杉の育成や環境保護に力を注ぐFさんの思いや願いについて考えることができる。

（2）指導過程

学　習　活　動	教　師　の　働　き　か　け
1．一部を隠したグラフから学習意欲を喚起する。（10分） ・全体を見ると年々増えている。 ・平成26年は301になっている。　など	北山杉に関係するグラフです。 何のグラフしょう？ ○　表題や縦軸の単位を隠したグラフから分かることを読み取らせると同時に，「縦軸の単位が知りたい」という声を期待したい。
2．縦軸の単位と表題から問いを見いだし，予想する。（10分） ・隠した部分の縦軸「頭数」と表題は「つかまえて殺したシカの数」を知る。 ・狩猟計画の頭数はさらに多いことを知る。 ・シカを捕獲・駆除する理由を考える。	こんなにもたくさんの数のシカを捕まえて殺してしまうのはどうして？ ○　シカの食性や習性をとらえさえること で，苗を食べたり樹皮を傷つけたりと，森林破壊につながることに気づかせていく。
3．林業に携わる一方で狩猟をしているFさんの写真や京北地域の写真から人と自然との共存を考え話し合う。（15分） ・Fさんが狩猟と森林伐採をしている写真 ・樹皮被害の写真 ・農作物被害を防ぐ電熱線の写真	○　シカの狩猟を長年続けているFさんの写真を提示し，動物愛護の視点から話し合わせる。その後Fさんの本業は林業である事実を伝える。このことで，森林保護の視点を新たに付け加えて話し合いを深めさせる ○　京北地域の獣害対策を紹介し，京野菜を育てているKさんを想起させる。農家の視点も加え人と自然の共存を考えさせる。
4．北山杉を育てる傍ら，狩猟を行なうFさんの思いや願いを聴き，林業を再考する。（10分） ・何十年という年月をかけて育ててきた北山杉が，一日でシカやクマによってだめにされること。 ・30年間続けてきた狩猟を今年やめたわけを知る。	北山杉を育てているFさんは，シカを殺すことをどのように思っているのか？ ○　Fさんの林業へかける情熱と獣害を防ぐためにシカやイノシシなどの動物を殺生しなければならない思いをビデオ視聴からとらえさせていく。 ○　Fさんが狩猟をやめたことで，今後の北山杉はどうなっていくのかを問いかけていく。

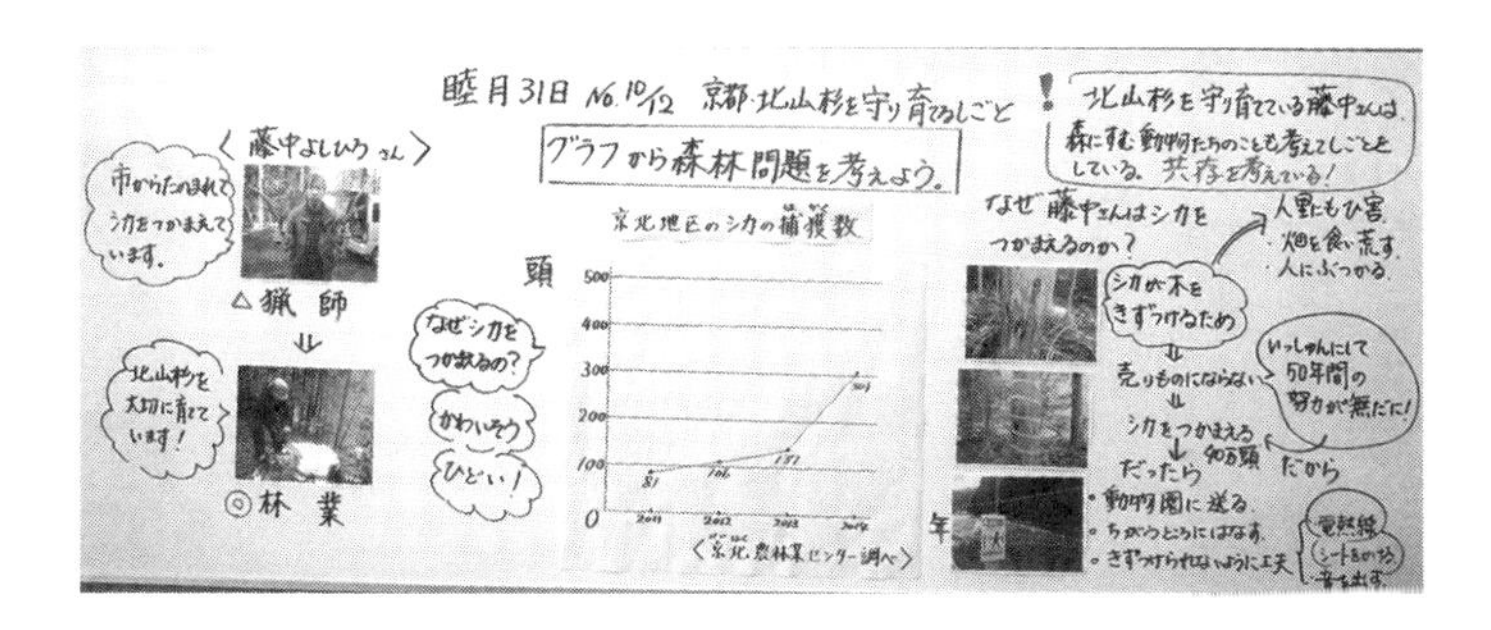

板書案（上）と実際の授業の板書（下）

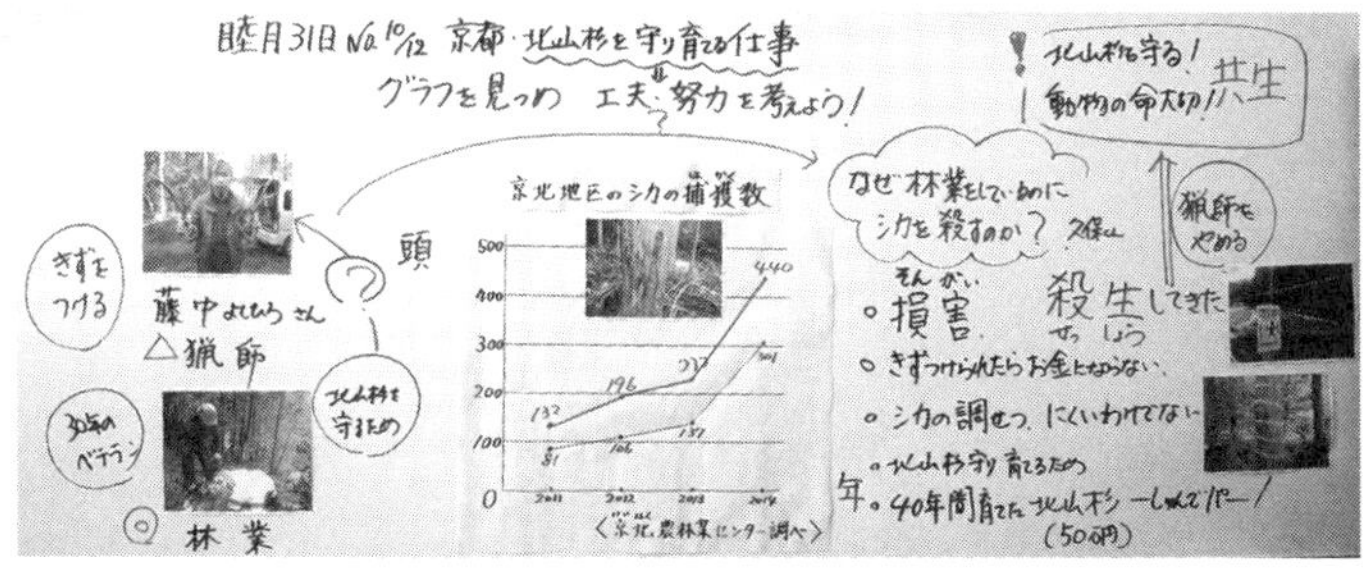

授業後には、**板書案と実際の授業で行った板書を比較してみること**をおすすめします。子どもの発言に思考の豊かさを感じさせられます。また、大切な内容が抜け落ちていないかも振り返りましょう。

ノート術

私自身が郡山市立橘小学校3年生のとき、恩師である坂野秋子先生に「こうちゃんのノートはきれいだね」とほめられたことを今でも覚えています。それだけノートは子どもの記憶に残るものなのです。教師になり、どんなノートがよいのかを試行錯誤しながらノート指導を重ねてきた私が、ノート指導で子どもに身につけたい力は次の4つです。

- 社会科用語を漢字で正しく書く。
- 自分が気づいたことをメモする。
- 教師や友だちが話すことを聞き取りメモする。
- メモをもとに自分なりに考え、文字や絵図などに表現する。

ノート指導の３段階

ノート指導は、１年間をかけ次の３段階でじっくりと指導していきます。

❶第１段階（４～６月ごろ）

ノート指導の基本は、文字を丁寧に、速く、正確に書かせることです。とても難しく、社会科だけでは無理なので、春に根気強く全教科で指導します。

社会科のノートは、**１時間で見開き２ページが基本**とします。

指導のコツは、教師と一緒のスピードで書かせることです。慣れてくると先の文字を予想して書く子が出てきます。多少予想がはずれてもほめてあげましょう。それでも遅れる子どもはいます。板書のタイミングをはかったり、間をとったりして書く時間を保障します。ちなみに、有田和正先生は「鉛筆の先から煙が出るスピードで書きなさい」と強烈な指導をされていました。

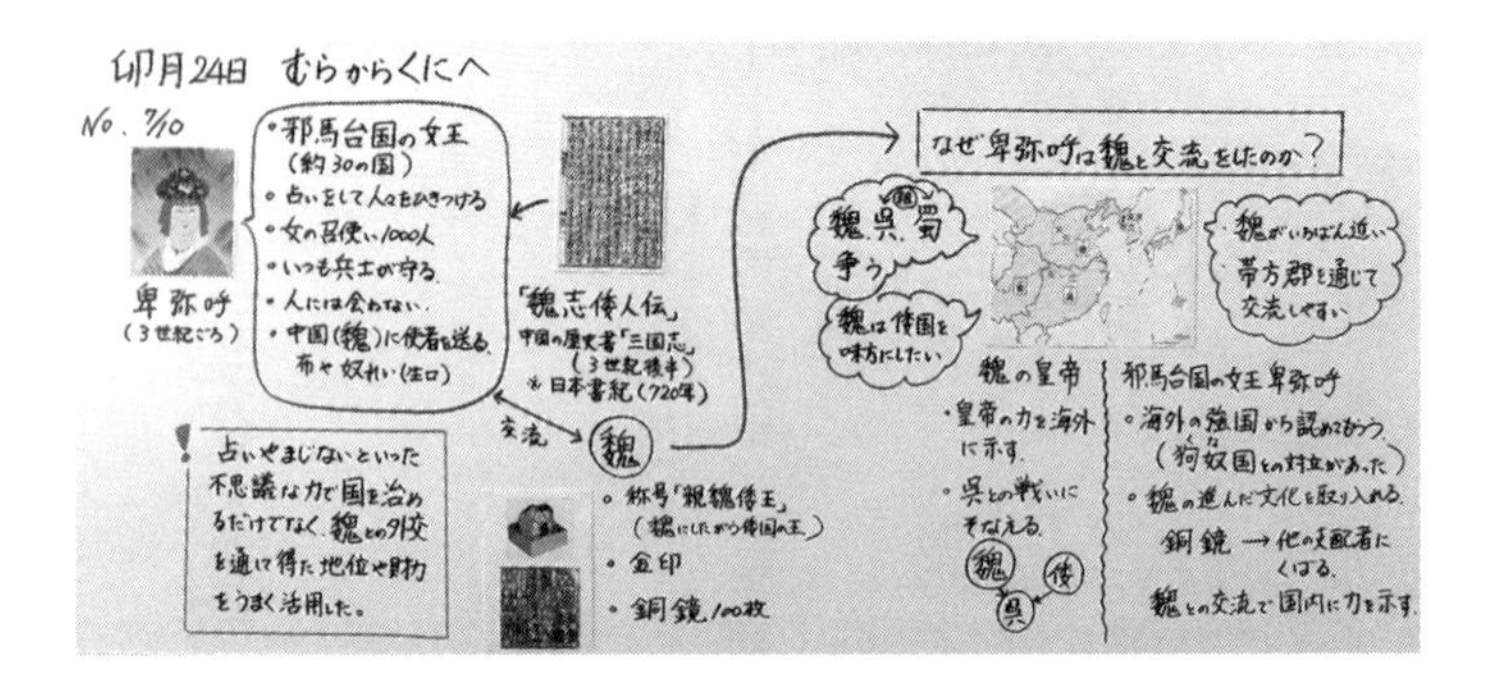

1時間の授業を見開き2ページで

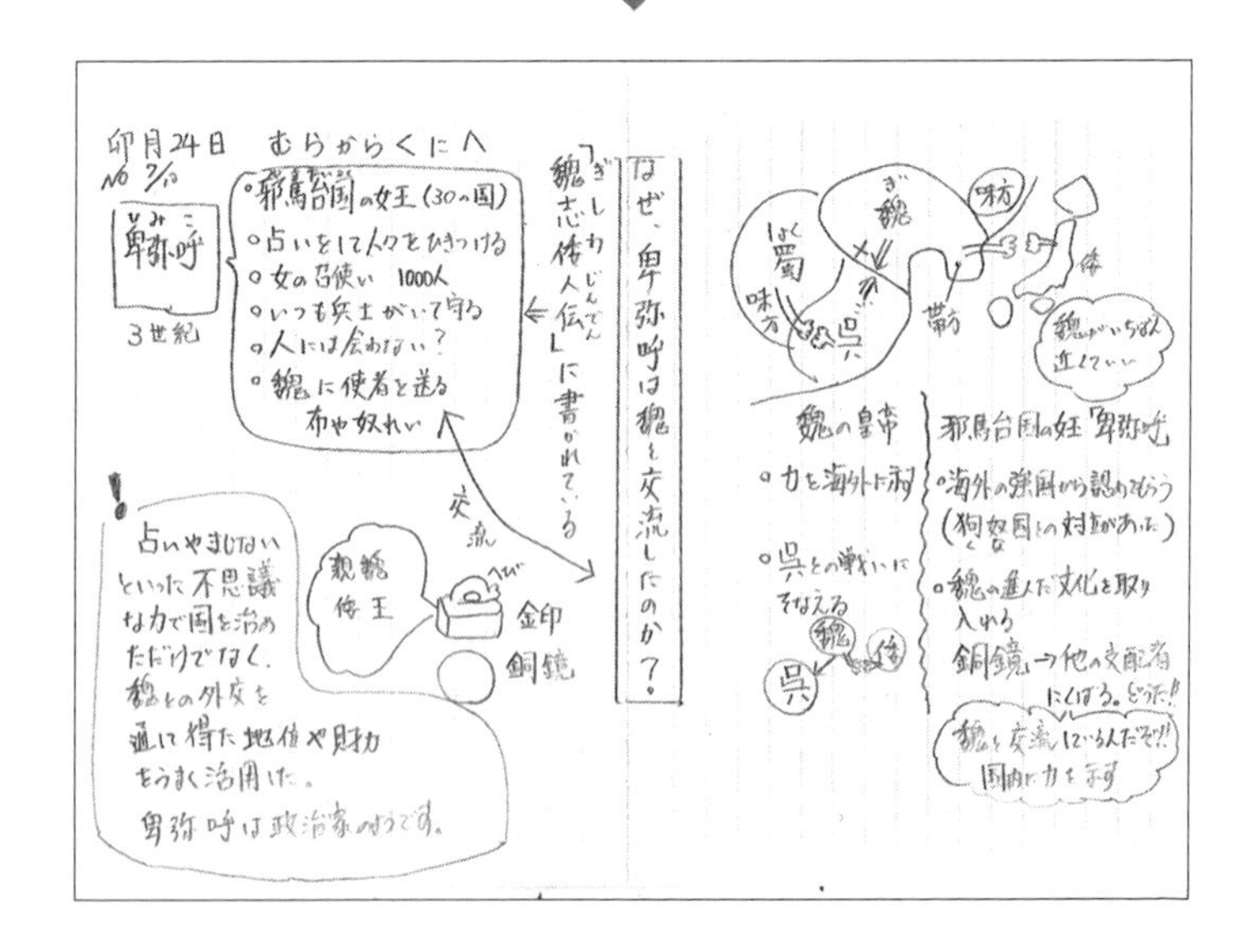

❷第2段階（7～11月ごろ）

このころになると、視写が得意な子どもが増えてきます。

そこで、**気づいたことをメモし、よいノートを真似ていく指導**をします。

はじめは、「何でもいいから気づいたことをメモしなさい」と言います。すると、多くの子どものノートがぐちゃぐちゃになります。「見やすかったノートが台無しだ！」と嘆く子どもが現れたらほめてあげましょう。「ノートは爆発だ！」と。

次に、メモを見やすく工夫して書いている子どもを取り上げ紹介します。**「囲みを用いる」「マークをつける」「色分けをする」**といった工夫です。

よいものは、とにかくどんどん真似させますが、真似されることや真似ることを嫌がる子どももいます。そんなときは「学ぶ」とは「真似る」からきていることを話します。元プロ野球選手の工藤公康さんは、「私は子どものころからプロの選手の真似をすることが一番の近道だと思って努力してきました。とにかく、プロ野球選手のすべてを真似るように反復練習を重ねてきました。そして、自分が体を動かすことで何が足りないのかを感じ取るようにしてきました」（日本経済新聞２０１３年4月9日）と語っています。

よいノートをどんどん真似る中で、自分のノートスタイルが確立していきます。

❸第3段階（12月〜3月ごろ）

第2段階までノート指導を積み重ねてくると、子どものノートは個性的になってきます。

中学年ぐらいまでは、第2段階を3月まで継続してもよいのですが、高学年ではもう一段階上のノートづくりにチャレンジさせます。**自分の気づきに、友だちの気づきをプラスした「考える」ノートづくり**です。

有田和正先生は「ノートは思考の作戦基地だ」と仰っていました。かなり高度な術です。ノートの「きれいさ」や「ていねいさ」など、見栄えを意識してきた有田先生が「ノートの役割は『思考の作戦』を立てることだから、きれいに書く必要はない」と気づいたことから生まれた言葉です。「書くことの意味がわかる」までに引き上げられた子どもへの指導です。私には、そこまでの指導技術がないので、次のようなノート指導で「思考の作戦基地」をつくらせることにしています。

- **ノート見開き上ページは、板書の視写や自分が気づいたことをメモする。**
- **ノート見開き下ページは、友だちや先生の話から気づいたことをメモする。**
- **メモを見比べたり、つなげたりしながら自分の考えを文章や絵図に書く。**

上ページは板書や自分が気づいたこと

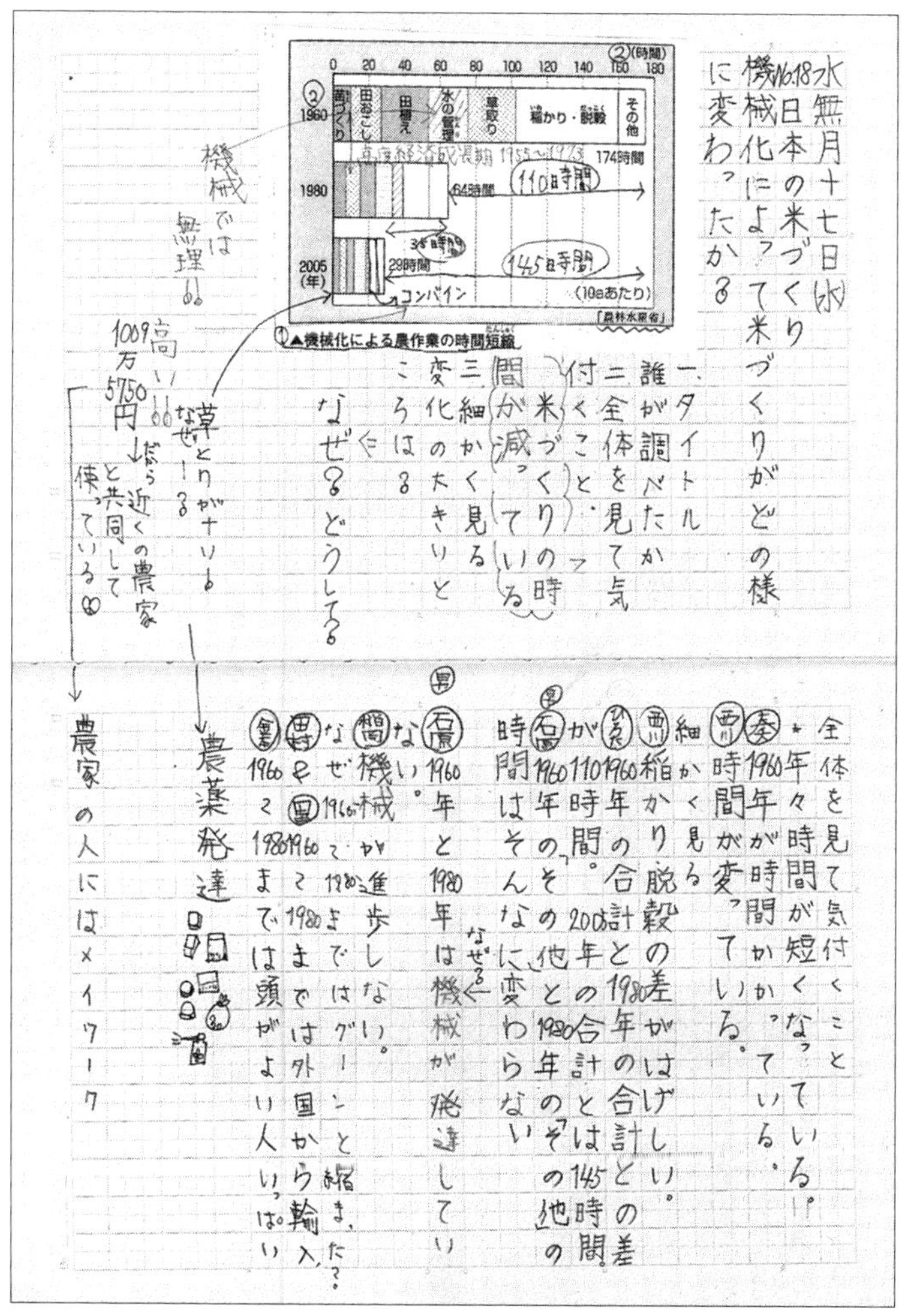

下ページは友だちや先生の話から気づいたこと

新聞術

社会科の授業では、見学や学習のまとめとして新聞づくりがよく行われます。ある教科書では、新聞づくりについて以下のようにまとめられています。

●読み手を意識して書く。
●いくつかのテーマに分け、見出しをつけてまとめる。
●重要語句を生かす。
●わかったことと自分の考えは区別する。
●地図やグラフ、絵などを使い、わかりやすく説明する。

オーソドックスな社会科新聞づくり

私は、3年から新聞づくりの指導を取り入れています。まずは、オーソドックスな社会科新聞づくり（1人1枚（B4判）作成）の例を紹介します。

❶新聞のフォーマットを示す

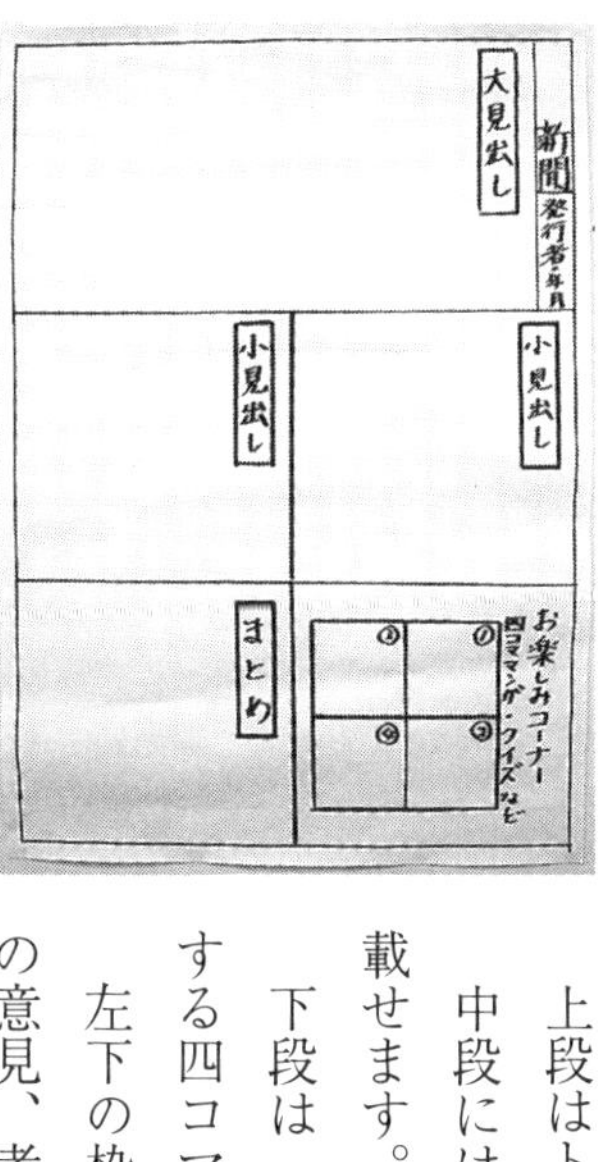

上段はトップニュースで、「大見出し」をつけます。
中段には「小見出し」をつけて、2本ほど記事を載せます。
下段は「お楽しみコーナー」で、学習内容に関係する四コマ漫画やクイズなどを載せます。
左下の枠は「まとめ」です。わかったことや自分の意見、考えを書きます。

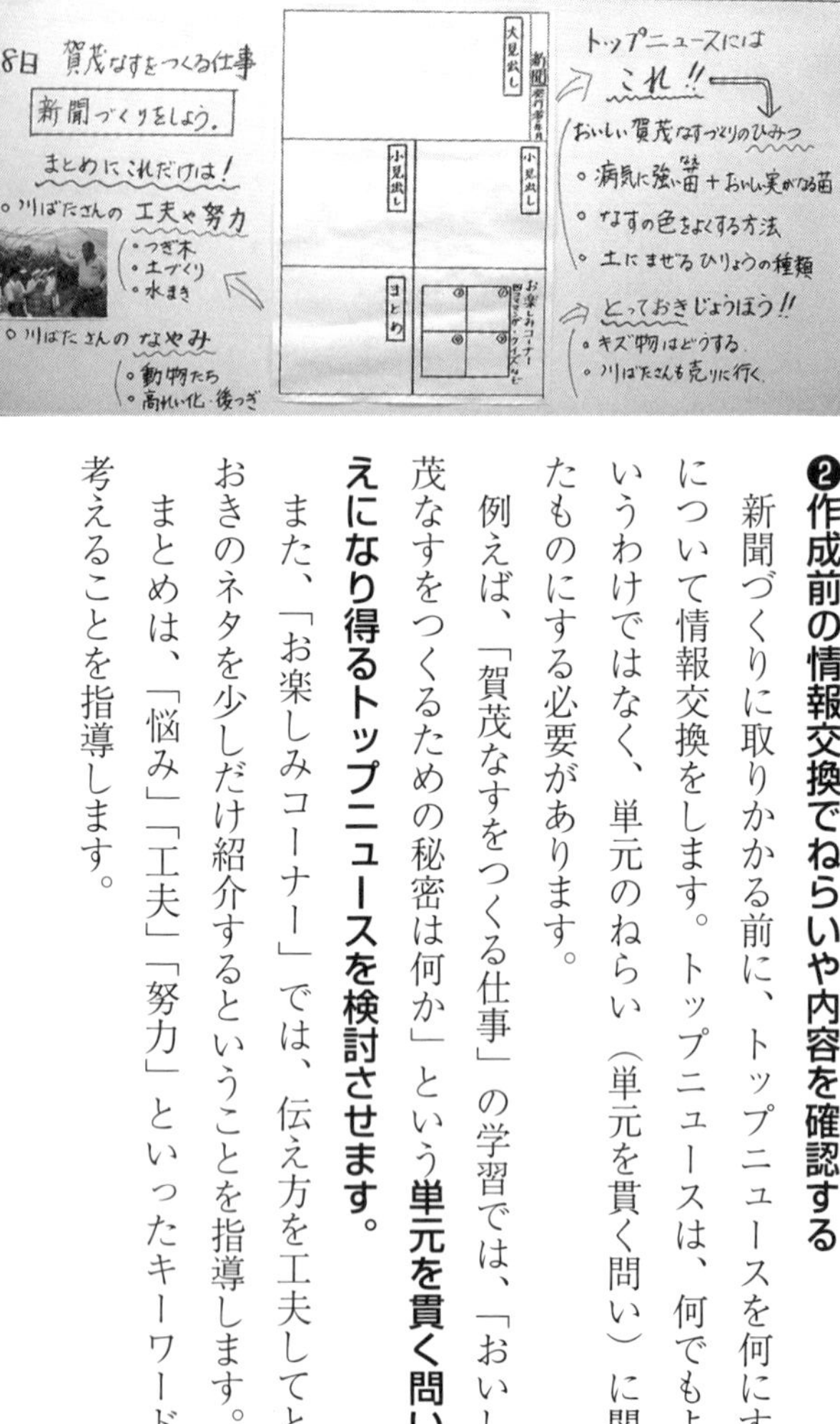

❷作成前の情報交換でねらいや内容を確認する

新聞づくりに取りかかる前に、トップニュースを何にするかについて情報交換をします。トップニュースは、何でもよいというわけではなく、単元のねらい（単元を貫く問い）に関連したものにする必要があります。

例えば、「賀茂なすをつくる仕事」の学習では、「おいしい賀茂なすをつくるための秘密は何か」という**単元を貫く問いの答えになり得るトップニュースを検討させます。**

また、「お楽しみコーナー」では、伝え方を工夫してとっておきのネタを少しだけ紹介するということを指導します。

まとめは、「悩み」「工夫」「努力」といったキーワードから考えることを指導します。

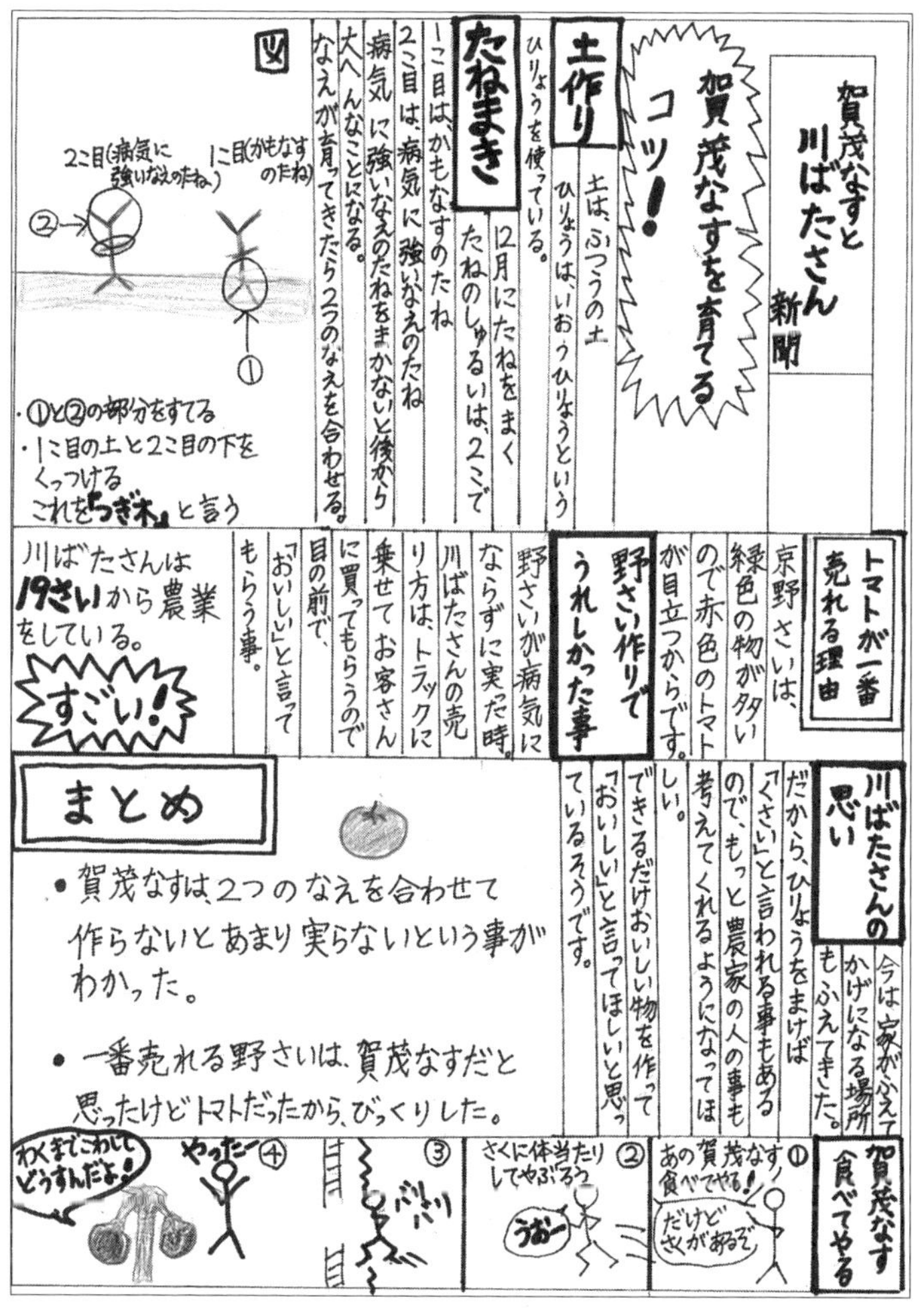

賀茂なすと川ばたさん新聞

賀茂なすを育てるコツ！

土作り

土は、ふつうの土
ひりょうは、いおうひりょうという
ひりょうを使っている。

たねまき

12月にたねをまく
たねのしゅるいは、2こで
1こ目は、かもなすのたね
2こ目は、病気に強いなえのたね
病気に強いなえのたねをまかないと後から
大へんなことになる。
なえが育ってきたら2つのなえを合わせる。

図

・①と②の部分をすてる
・1こ目の土と2こ目の下をくっつける
これを「つぎ木」と言う

トマトが一番売れる理由

京野さいは、緑色の物が多いので赤色のトマトが目立つからです。

野さい作りでうれしかった事

野さいが病気にならずに実った時。

川ばたさんの売り方は、トラックに乗せてお客さんに買ってもらうので目の前で、「おいしい」と言ってもらう事。


川ばたさんは19さいから農業をしている。

すごい！

川ばたさんの思い

今は家がふえてかげになる場所もふえてきた。

だから、ひりょうをまけば「くさい」と言われる事もあるので、もっと農家の人の事も考えてくれるようになってほしい。

できるだけおいしい物を作って「おいしい」と言ってほしいと思っているそうです。

まとめ

・賀茂なすは、2つのなえを合わせて作らないとあまり実らないという事がわかった。
・一番売れる野さいは、賀茂なすだと思ったけどトマトだったから、びっくりした。

賀茂なす食べてやる

フォーマットをもとに作成した社会科新聞の例

新聞社の定石に基づいた社会科新聞づくり

『国語教育』誌（明治図書）で「学級新聞づくり指導のヒント」という原稿を書く機会を得た際、新聞に関する書籍をたくさん読みました。

ここで紹介するのは、そのときに知った、新聞社で定着しているレイアウトの定石に基づいた社会科新聞づくりの実践です。

❶新聞用紙にひと工夫

新聞づくりでは、「読みやすい」「読んでみたい」と思わせるような読み手目線の工夫を取り入れることが重要です。

「読みやすい」については、まずレイアウトの工夫が考えられます（後述）。

そのほかにも、**新聞用紙の裏面に5ミリ方眼のマス目を印刷する**という工夫があります。

こうすることで、表面に書くときに、裏面の方眼が透けて見えるため、タイトルや文字の大きさを整えたり変えたりすることが容易にできるようになります。また、絵や図の配置を決める際にも役立ちます。

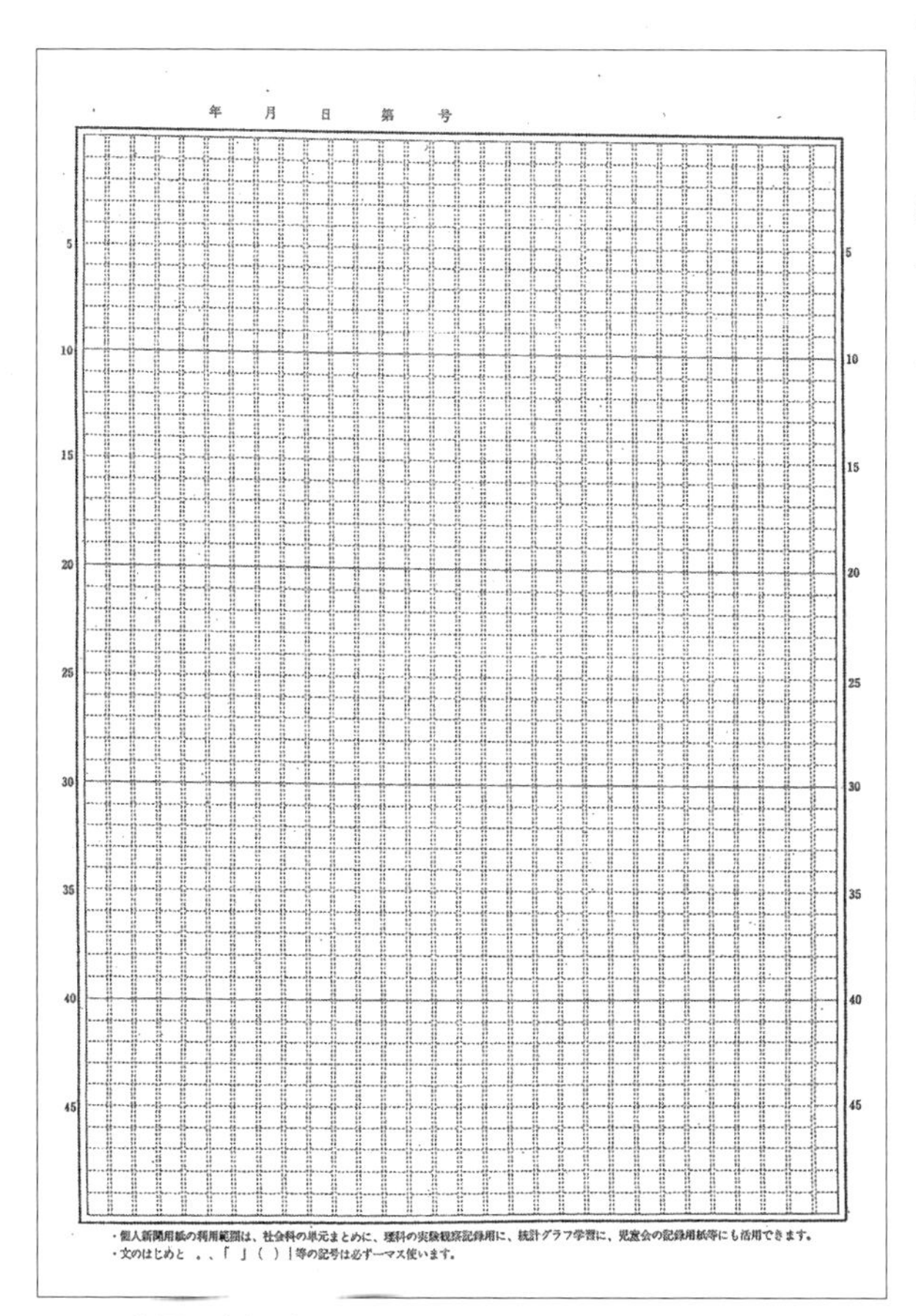

年　月　日　第　号

5　10　15　20　25　30　35　40　45

・個人新聞用紙の利用範囲は、社会科の単元まとめに、理科の実験観察記録用に、統計グラフ学習に、児童会の記録用紙等にも活用できます。
・文のはじめと　。、「　」（　）｜等の記号は必ず一マス使います。

新聞用紙の裏面に５ミリ方眼のマス目を印刷する

❷レイアウトの定石

紙面構成を考えることをレイアウト（割付）といいます。日本の新聞編集の歴史の中で生み出され、定着しているレイアウトの定石を、左のような見本レイアウト用紙を用いながらわかりやすく子どもたちに説明します。

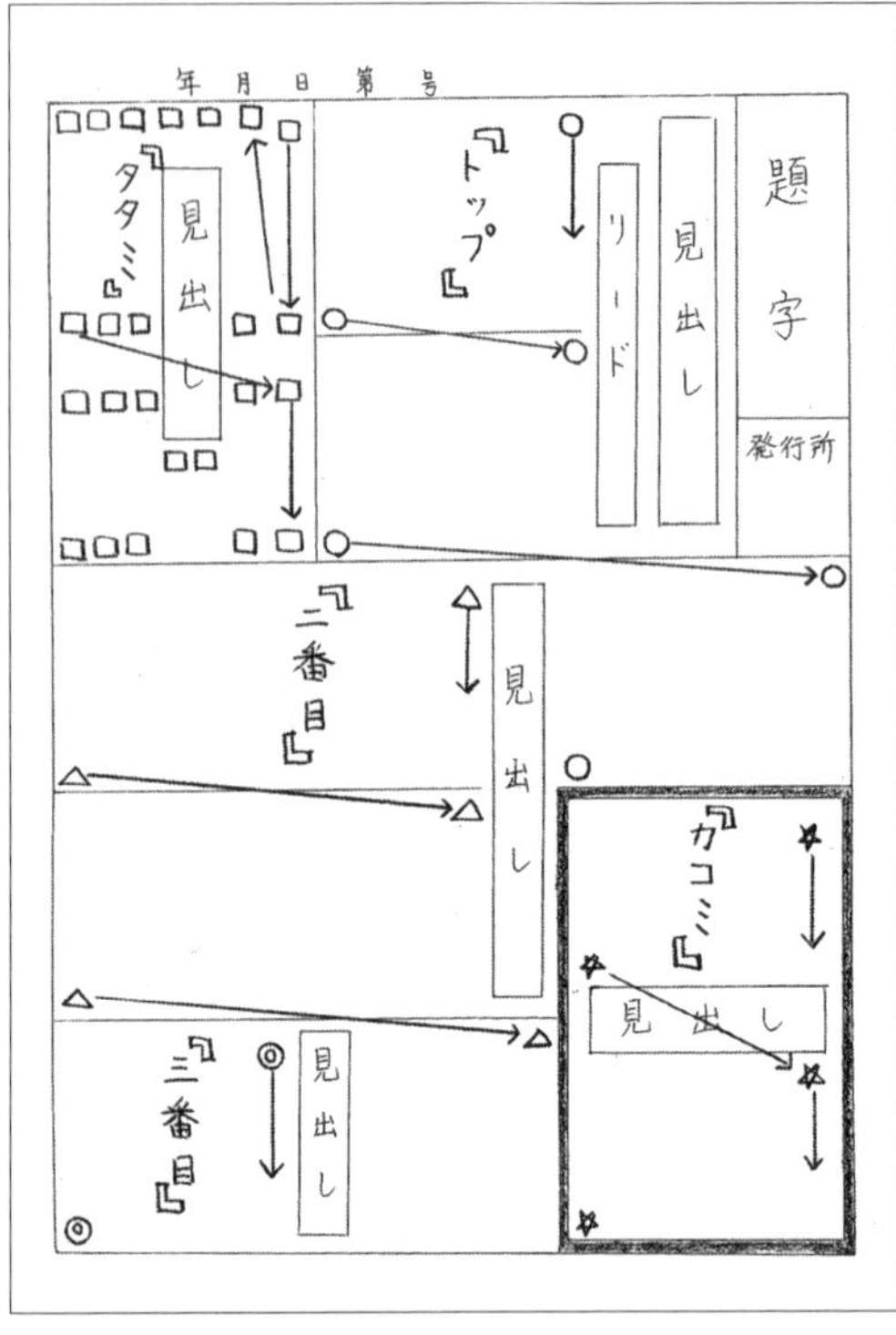

①題字を考える。

②トップ記事、二番、三番記事の見出しを階段状に配置する。

③タタミ記事、カコミ記事などの「ハコもの」は、紙面の死角とされる左上と右下に配置する。

④文の流し方は右から左、上から下が鉄則。

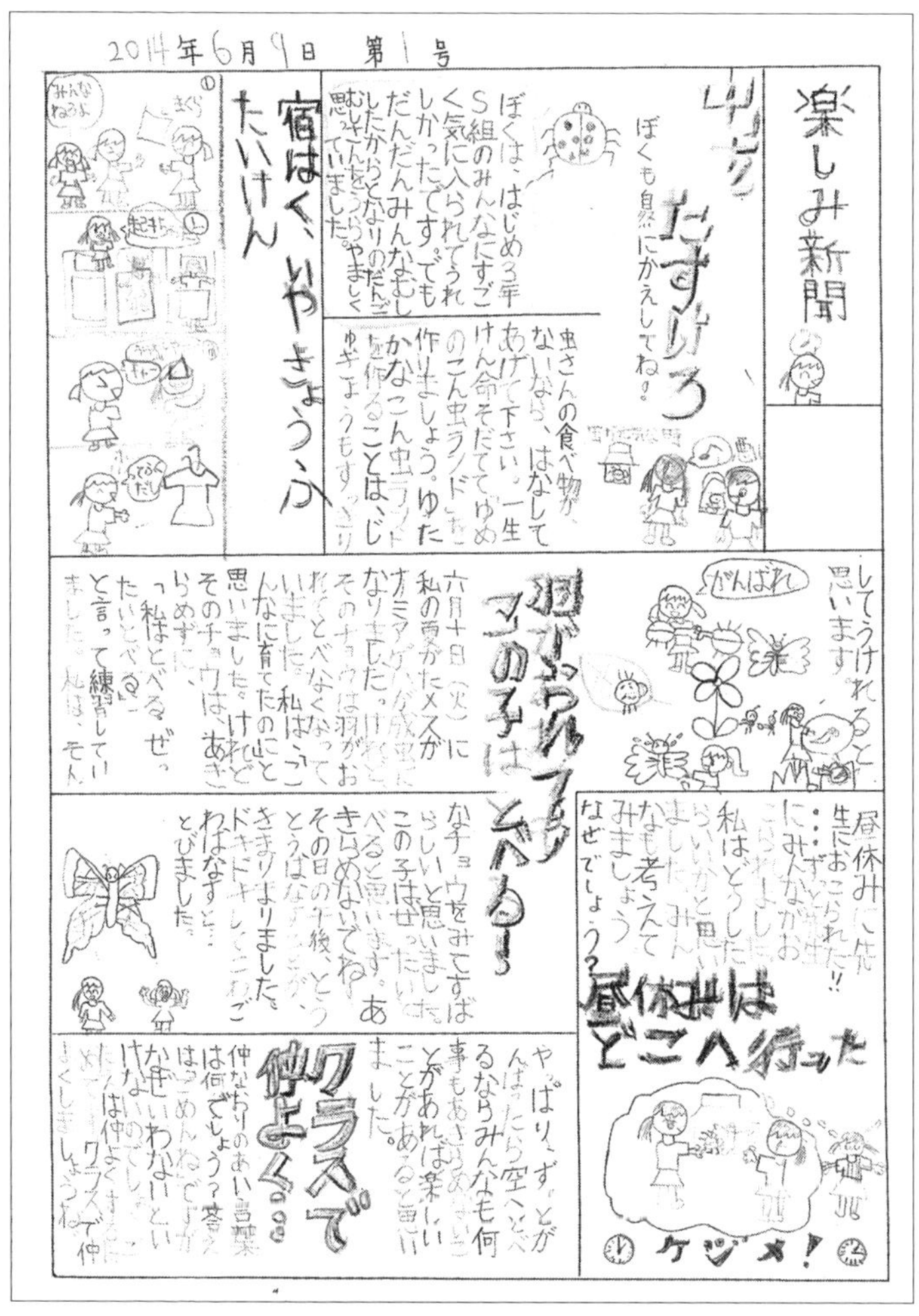

2014年6月9日　第1号

楽しみ新聞

ムシ？ たすけろ

ぼくも自然にかえしてね！

ぼくは、はじめ3年S組のみんなにすごく気に入られてうれしかったです。でもだんだんみんながむしをしたから、となりのだんごむしさんをうらやましく思っていました。

虫さんの食べ物がないなら、はなしてあげて下さい。一生けん命そだててゆめのこん虫ランドを作りましょう。ゆたかなこん虫ランドを作ることは、じゅぎょうもすっきり

宿はく、いやきょうふたいけん

羽がふわふわ この子はとべる！

六月十日(火)に私の育てたメスがナミアゲハが成虫になりました。けれど、そのチョウは羽がおれてとべなくなっていました。私は、こんなに育てたのにと思いました。けれど、そのチョウは、あきらめずに、「私はとべるぜ。」と言って練習していました。私は、そんなチョウをみてすばらしいと思いました。この子はぜったいにとべると思います。あきらめないでね。その日の午後、とうとうはなすときがきまりました。ドキドキしてこわごわはなすと、とびました。

やっぱり、ずっとがんばったら空へとべるならみんなも何事もあきらめないで

昼休みはどこへ行った

昼休みに先生におこられた!! …みんなが先生におこられました。私はどうしたらいいかと思いました。みんなも考えてみましょう。なぜでしょう？

ケジメ！

クラスで仲よく

仲なおりのあいことばは何でしょう？答えは「ごめんね」です。かならずいわないといけないのでしょう。たくさんは仲よくするためにクラスで仲よくしましょうね。

レイアウトの定石に基づいて作成した新聞の例

見学術

社会科の学習で欠かせないのが、本物を見て学ぶ見学です。

見学を計画する際、「学校に一番近い」という理由だけで見学先を選んでいませんか。

確かに、移動時間や交通費などの問題は重要ですが、

「見学に行ったら働いている人がやさしかった」

「見学に行ったら知らないことがたくさんあって驚いた」

「見学に行ったら働く人は一所懸命だと感心した」

「見学に行ったら自分もそんな仕事がやりたくなった」

「見学に行ったら自分もがんばろうと思った」

子どもたちがこのようなことを感じとれる見学にしたいものです。

見学先の選び方

見学のねらいを十分に達成するためには、**「ひと」「もの」「こと」の観点から見学先を選ぶ**ことです。

●働いているひとの思いや願いを感じとることができる。
●つくったり備えたりしているものをじっくり観ることができる。
●工夫や努力していることを聞く（尋ねる）ことができる。

私は、さらに**体験的な活動**ができないか検討・交渉します。例えば、3年「まちの見学・調査」では、通りの京菓子店で和菓子の試食体験を取り入れました。また、「北山丸太生産組合の見学・調査」では、丸太磨き体験や北山杉の温度計づくりといった活動を取り入れました。活動は子どもの五感にはたらきかけ、学習意欲を高めます。

見学計画の立て方

見学の大前提は、**子どもたちの安全が確保されることと見学先の邪魔にならないこと**です。そのうえで、先に述べた観点から見学先を検討します。

交渉は電話よりも現地に赴き、学習の目的と指導者の熱い思いを伝えることが大切です。受け入れていただけることが決まったら、具体的な計画を立案します。書式は学校によって多少異なると思いますが、北山丸太生産組合の見学計画を例として示します。

●期日　２０１５年10月７日（水）
●実施児童　第３学年１２０名
●引率者　８名（柳沼、○○、△△、□□…）
●教科等　社会科
●単元名　北山杉の里をたずねて（４〜７／12時間）

●ねらい

京都市の伝統的な産業を代表する「北山丸太」の生産の様子を観察・調査したり、体験的な活動をしたりして、働くひとの工夫や努力を考える。

●日程と内容

8時10分　学級指導（健康観察、諸連絡）
8時15分　玄関集合・学校出発
9時15分　京都北山丸太生産組合着（住所、電話番号）
9時20分　①～③の見学・体験活動、工作、講話をローテーションで実施
①北山杉枝打ち見学、丸太磨き体験
②北山杉を使った温度計づくり
③施設内で北山杉の特色や北山丸太の生産工程について話を聞く
10時45分　京都北山丸太生産組合出発
11時45分　学校着・学習のまとめ（ノート整理）
12時25分　見学学習終了

※このほかに「（教師と子どもの）持ち物」「緊急連絡体制」「留意点」などがあります。

単元計画への位置づけ方

見学を単元のはじめ、中盤、おわりのどこに位置づけるかは、見学のねらいをどのように設定するかによって変わってきます。

	単元のはじめ	単元の中盤	単元のおわり
パターン1	**見学で課題設定**	調べ学習で課題追究	意見交流で課題解決
パターン2	調べ学習で課題設定	**見学で課題追究**	意見交流で課題解決
パターン3	調べ学習で課題設定	調べ学習で課題追究	**見学で課題解決**

保護者への伝え方

5・18社会科校外学習へ向けた調べ学習のすすめ

社会科では、地図記号、方位などの知識をもとに、学校のまわりのまちの様子を学習しています。

5月18日（土）には、校外学習にて、地図上で記した病院や交番、銀行などが本当にその場所にあるのかをたしかめます。烏丸（からすま）通りを南に向かって歩き、ゴールの京都御苑（ぎょえん）を目指します。御苑では、蛤御門（はまぐりごもん）を通って、西園寺邸宅跡（私塾　立命館）をたずねます。また、御苑近く京菓子店、資料館にも立ち寄り京菓子の試食や文化にもふれる予定です。

そこで、5月13日（月）まで、御所や京菓子など、調べてみたいことを「自学ノート」にまとめましょう。

例　蛤御門

天明の京都の大火で御所が炎上した時に、めったに開かなかったこの門が、この時だけは開いたというので、「固く閉じていたのが火にあぶられて開いた」ところからこの名がつけられたそうです。また、幕末では御所を守る会津藩が長州藩をむかえうったところでもあります。今も、門には、火なわじゅうの弾のあとがのこっているそうです。ぜひ、見てみたいです。

<下の例も参考に、どんどん調べてみよう！>

京菓子の歴史と種類、西園寺公望と立命館、天皇の住まい御所

見学の1週間くらい前に、家庭での調べ学習をすすめる上のようなプリントを配ります。保護者の方へ見学内容を知らせることと、子どもとの会話の機会をもってもらうことが目的です。学級通信で見学前の調べ学習の様子なども紹介できるとよいでしょう。

見学は、家庭との連携、保護者の協力が不可欠です。

3Sだより No.5

2014．5．16

～ならぬことは　ならぬものです～

社会科学習「見学前の地図作り」の紹介

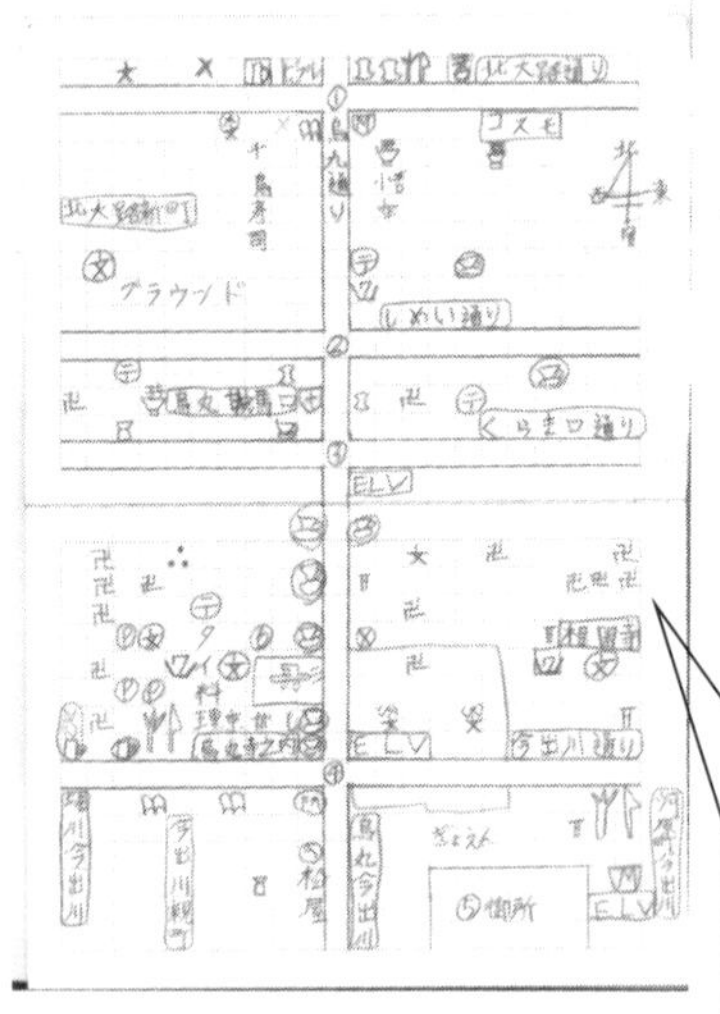

金曜日は、学校の南側のまちの様子「烏丸通り」を調査しました。今回は見学前に、地図をもとに通りや建物・施設を調べました。左のノートは、○○○○くんが調べたものです。このように事前にどこに何があるか調べることで見学の視点がはっきりしました。

また、「どうなっているのだろう？」と、関心を高めて調査活動に取り組むことができました。

烏丸通りには、学校や銀行、お店など、たくさんの人が集まる場所がいっぱいあります。お寺や神社がたくさんあるのでじっくり見て調べたいと思います。

○○○○くん

「調べ学習のすすめ」をもとに、自学ノートに京菓子や京都御所などいろいろな眼でまちの様子を調べている子のよさが見て取れます。

18日（土）の烏丸通り見学・調査がとても楽しみです。

見学前の調べ学習の様子を保護者に伝える学級通信

第5章

新しい授業に挑戦しよう！

Chapter5

アクティブ・ラーニングによる社会科授業

文部科学省は、アクティブ・ラーニングについて「教員による一方的な講義形式の教育とは異なり、学修者の能動的な学修への参加を取り入れた教授・学習法の総称。学修者が能動的に学修することによって、認知的、倫理的、社会的能力、教養、知識、経験を含めた汎用的能力の育成を図る。発見学習、問題解決学習、体験学習、調査学習等が含まれるが、教室内でのグループ・ディスカッション、ディベート、グループ・ワーク等も有効なアクティブ・ラーニングの方法である」と説明しています。

「アクティブ・ラーニング」というと、目新しいことのように思いがちですが、内容を知ると**「なんだ、社会科では当たり前じゃないか」**と感じるはずです。ここでは、社会科でアクティブ・ラーニングをどのように推進すればよいのかを整理したいと思います。

「活動あって学びなし」に陥らないために

「活動あって学びなし」とは、生活科が新設されたころによく聞かれた言葉です。アクティブ・ラーニングを先行実践している教師からは、**「インターネットでちょっと調べた議論や発表が多く、学習が深まらない」**といった、まさに「活動あって学びなし」を危惧させられるマイナスの声が聞こえてきます。

一方で、子どもたちからは、**「いろいろな考えが聞けてよかった」「自分から授業に参加する気持ちが高まった」**といったプラスの声も聞こえてきます。受動的な授業より、能動的な授業の方が楽しいに決まっています。

いずれにしても、学習を子どもたちの能動性に委ねる部分の大きいアクティブ・ラーニングだからこそ、教師は授業のねらいや展開の見通しをしっかりともつべきです。そして、そういった学びの道筋を子どもたち自身がメタ認知できるように示さなければ、「汎用的能力」の育成はできません。

ジグソー学習法

アクティブ・ラーニングの方法の１つに「ジグソー学習法」があります。ジグソー学習法とは以下のような学習方法です。

①テーマや問いを設定します。
②テーマや問いに迫る資料を４つ程度準備します。
③同じ資料を読み合うグループをつくり、その内容を分析・解釈し、資料を読んでいない他のグループに説明する準備をします。
④違う資料を読んだ人１人ずつで新しいグループをつくり、担当した資料を互いに説明し合い、テーマや問いに迫ります。ジグソーパズルのようにピースを合わせ完成させていく活動です。
⑤グループ全員の資料をうまく組み合わせ、根拠とともに解決方法などを発表します。

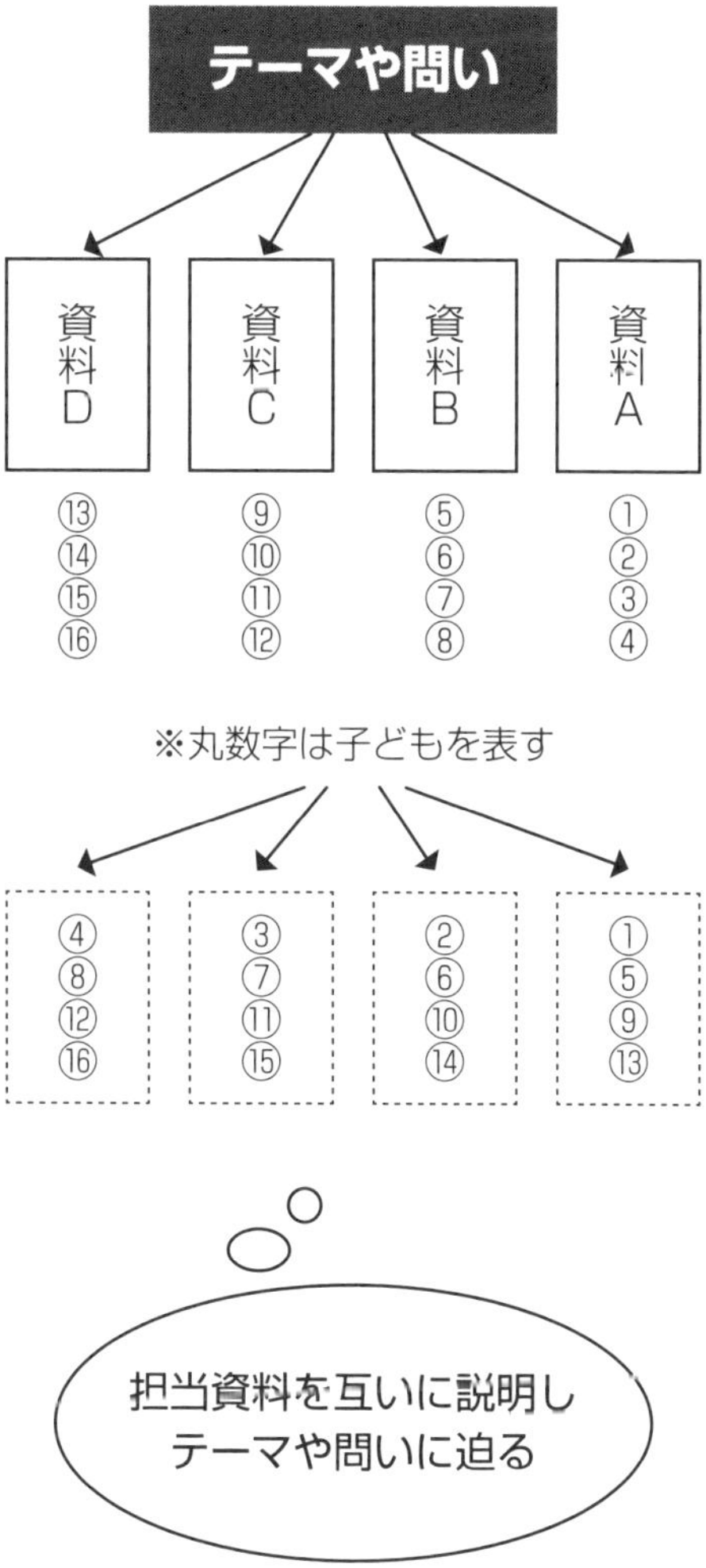

テーマや問い

資料A ①②③④
資料B ⑤⑥⑦⑧
資料C ⑨⑩⑪⑫
資料D ⑬⑭⑮⑯

※丸数字は子どもを表す

①⑤⑨⑬
②⑥⑩⑭
③⑦⑪⑮
④⑧⑫⑯

担当資料を互いに説明し
テーマや問いに迫る

これらの活動を繰り返すことで、次のような効果が期待できます。

- 他者に説明することで、自分の考えがはっきりする。
- 他者の考えを正確に理解しようと努めることで、自分の知識が増える。
- 自分と他者の見方や考え方を比較したり、統合したりできるようになる。

パネル・ディベート

パネル・ディベートは、ディベートの欠点である現実遊離、討論の難しさ、時間、意識の落差などを改善するために、兵庫県立教育研修所の吉田和志氏が提唱している討議法です。パネル・ディベートは、ディベートから「2つの立場」を外し、パネル・ディスカッションの方法とロール・プレイング的要素を取り入れた討議です。

30人学級におけるパネル・ディベートの進め方の例を紹介します。

❶グループ編成とグループ内協議（1時間目）

1つのテーマについて、立場の違いで4人グループを4つ程度（学級の半分）つくります。1つのグループは4人程度で、その他の子どもたち（学級のもう半分）は審判です。前後半でディベート参加者と審判を交代します。テーマは前後半共通とするか、関連する2つのテーマを設定します。司会と時計係は、最初は教師が行う方がよいでしょう。

グループ編成後、各グループ内で協議し、テーマについて意見を一致させます。

❷パネル・ディベート前半（2時間目）

①各グループ（A～D）の代表者1名が立論を行います。（3分間×4）
②代表者討議を行います。（10分間）
③各グループで作戦タイムを設けて協議します。（3分間）
④各グループの代表以外のメンバーで全体討議を行います。（15分間）
⑤審判がどのグループの討議が優れていたかを判定します。（5分間）

3時間目はディベート参加者と審判を交代し、後半戦を行います。

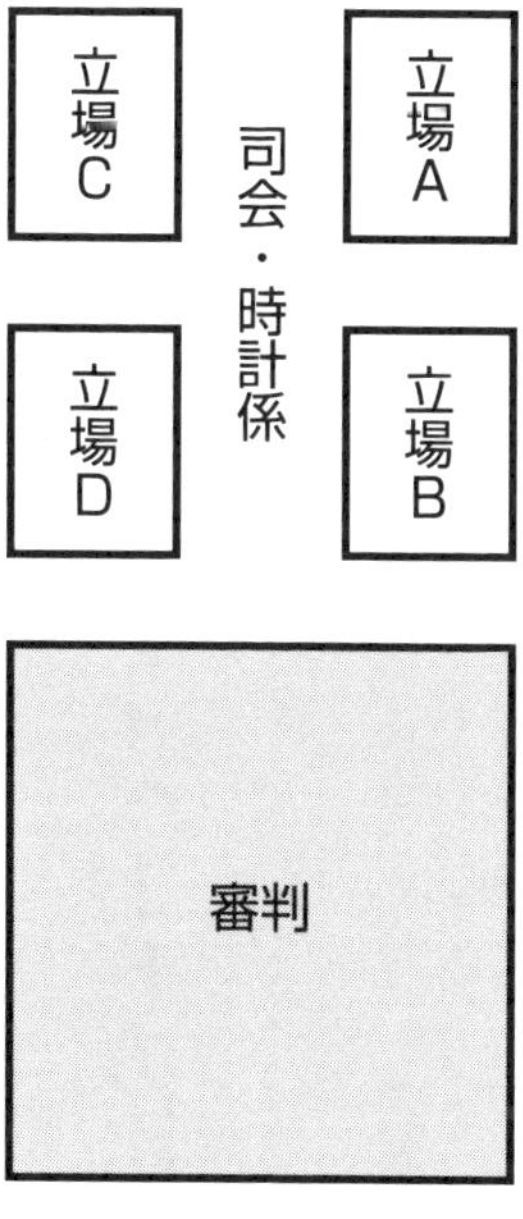

立場A		立場B
	司会・時計係	
立場C		立場D

審判

ジグソー学習法とパネル・ディベートの比較

５年「わたしたちの生活と森林」で、割り箸の使用をめぐって森林保護を考える授業を、ジグソー学習法とパネル・ディベートで行うとどんな展開になるのか比較してみます。

❶ジグソー学習法の場合

①テーマ「割り箸の使用について考えよう」を設定します。
②テーマに迫る４つの資料「日本の割り箸工場数の推移」「日本の木材自給率の推移」「世界の森林破壊の現状」「割り箸の原料と製造方法」を提示し、同じ資料を読み合うグループで分析と解釈をします。
③違う資料を読んだ人１人ずつで新しいグループをつくり、「割り箸の使用」について、それぞれの資料からわかることや考えたことを議論します。
④４つの資料を照らし合わせ、割り箸の使用についての方向性が出たところで発表します。

❷パネル・ディベートの場合

①テーマ「割り箸の使用について考えよう」を設定します。
②テーマに基づき、「割り箸工場で働く人」「日本の森林組合」「環境保護団体」「コンビニで買い物をする人」という４つの立場に分かれます。
③各立場でテーマについて資料を持ち寄って議論し、意見を一致させます。
④各立場の代表者が立論を行います。
⑤各立場の代表者同士で討議を行います。
⑥代表者討議を受けて、それぞれの立場で全体討議に向けた作戦タイムをとります。
⑦全体討議で、代表者以外が自分の立場から討議を行います。
⑧ここまでの様子を観ていた審判が、どの立場が優れているかを判定し、理由を述べます。

ジグソー学習法とパネル・ディベートでテーマに対するアプローチの仕方は違いますが、子どもが能動的に学習に参加することが強く求められるという点では共通しています。

このように、これからの社会科授業では、効果的な学習方法を取り入れながら、アクティブ・ラーニングを充実させていきたいものです。

ＩＣＴを活用した社会科授業

ＩＣＴを活用した授業というと、機器の準備や操作の技能が求められるため、敬遠しがちな方も多いと思います。私自身もその1人です。30年も教師をやっていると、「いまさら…」と思ってしまいますが、目の前の子どもたちは、情報化社会の中で明るい未来をつくっていく逸材です。ですから、若い教師も経験何十年のベテラン教師も、ともにＩＣＴを活用した授業に果敢にチャレンジしなければなりません。

とはいえ、ここではＩＣＴが苦手な方を想定して**「なんだ、そんなことでいいのか」**というレベルで話を進めていきます。最後に、「だったらやってみようかな」と思っていただければうれしいです。

実物投影機は手軽で効果大のすぐれモノ

多くの学校にあるＩＣＴ機器が「実物投影機」です。何より**操作が手軽で、子どもの学びの姿をその場でとらえ共有することができる**すぐれモノです。

社会科授業における実物投影機の活用場面を具体的に見ていきましょう。

❶ノートや作業を提示する場面

本や絵、図、グラフ、ノートなど小さいものを拡大して見やすくできます。立体物も投影範囲内のものであれば拡大投影が可能です。

さらに、白地図に色を塗るといった作業場面も映し出せます。

❷自分の考えを説明する場面

拡大提示された資料は、みんなで共有できるよさがあり、それを介して対話が生まれます。そこで子どもたちに、自分のノートを実物投影機で映して説明させます。

操作は簡単なので、4月の段階で覚えさせることができます。慣れてくると、自分が一番見せたい部分を大きく提示して説明することができるようになります。このように、**実物投影機の活用を通して発表する力を鍛えることができる**のです。

ノートを投影して自分の考えを説明

一番見せたい部分は大きく提示

❸操作活動をしながら説明する場面

３年の地域学習で「工業とは何だ？」という授業を行い、工業製品の仲間分けに取り組ませました。身の回りの工業製品を印刷したプリントを配り、はさみで切った後に机上で仲間分けをさせます。その後、数名の子どもに実物投影機を用いて操作活動をしながら説明をさせます。操作活動が目の前で展開されると「えっ！」「どうして？」「だったら…」といったつぶやきがあちこちで上がり、**学級全体の思考が活性化されます。**

❹資料の読み取りの場面

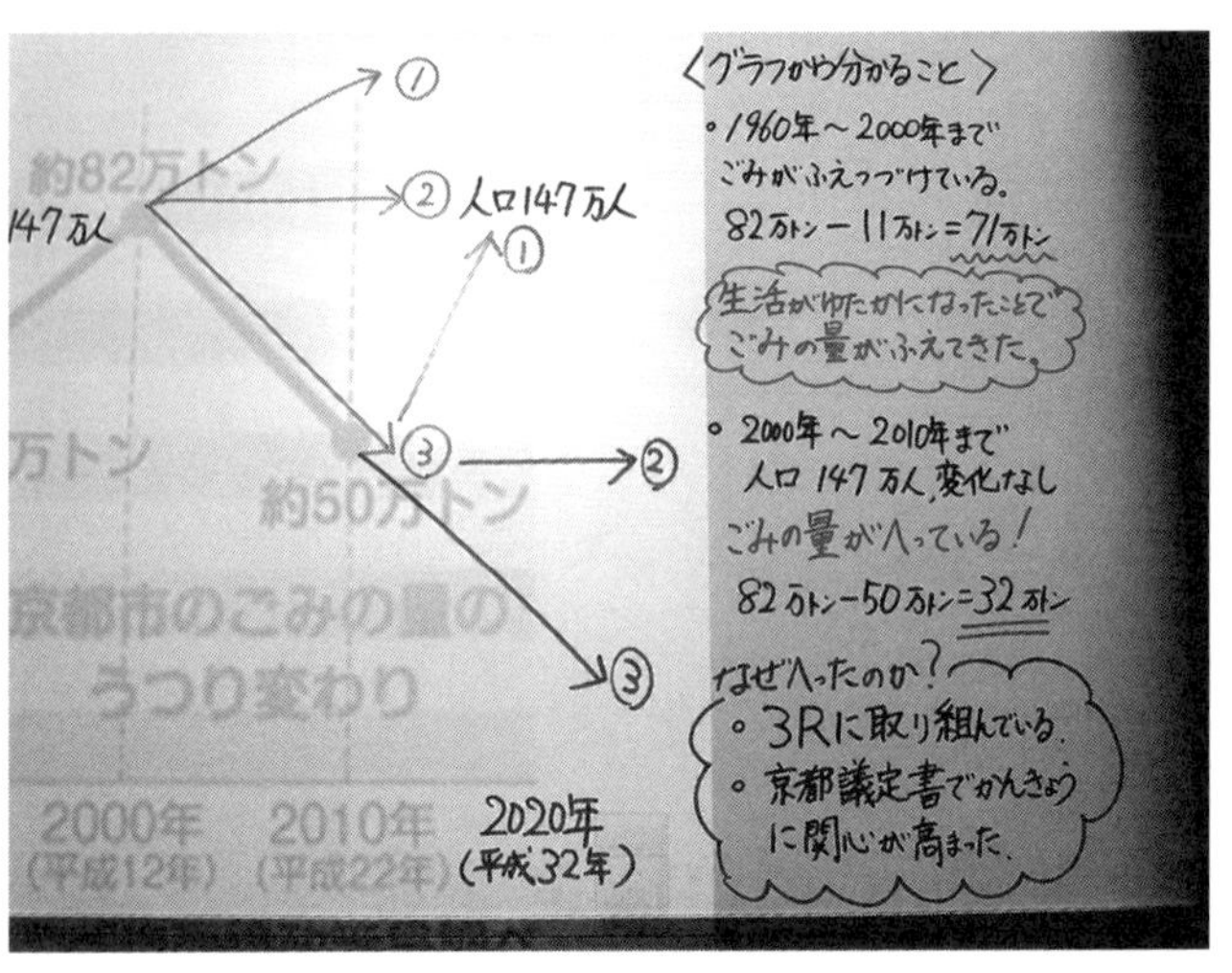

実物投影機は、資料の読み取りにも力を発揮します。**特にグラフや表の拡大は有効**です。拡大して黒板に投影すれば、子どもの見方や考え方を書き込むことができます。上の写真は、「くらしとごみ」の学習で「市のごみの量のうつり変わり」のグラフを拡大して投影し、そのまわりに書き込みをした様子です。

実物投影機が便利なのは、**手持ちの資料をすぐに提示できる**ところです。PCとプロジェクタでも同様のことはできますが、資料が紙ならまずスキャンして取り込まなくてはいけません。そういったPC機器の環境が整っていない学校や操作が苦手な方でも、実物投影機なら手軽に資料を提示できます。

プレゼンソフトで授業にリズムとテンポを

ＩＣＴ機器が導入されている学校では、プレゼンテーションソフトを用いて授業をすることも多いかもしれません。プレゼンテーションソフトを授業で活用するよさとして、次のようなことが考えられます。

●スライドショーを用いてリズムよく、テンポよく授業が展開できること。
●授業者の意図を写真、絵、図などを用いながら示し、子どもの興味・関心を引きつけられること。
●授業中に書き込みや保存ができること。
●資料の一部を差し替える程度で、他の授業や次年度の授業に活用できること。

次に、社会科授業におけるプレゼンテーションソフトの活用場面を見ていきましょう。

❶知識を定着させる場面―地図記号

地図記号の形と意味をスライドショーでテンポよく提示し、定着を図ります。**フラッシュカードのはたらきをPCで行うイメージ**です。

はじめは地図記号の形だけ黒板に映し出します。子どもはその意味を声に出して答えます。次に、地図記号の意味を提示します。子どもは指を出して形を空書きします。この繰り返しを30個の地図記号で行い知識の定着を図ります。

❷知識を定着させる場面―都道府県

各都道府県の名所や特産物、地形などを語呂合わせにしてスライドを作成します。子どもたちは、「1、2、3」のリズムでテンポよく声に出して唱えます。

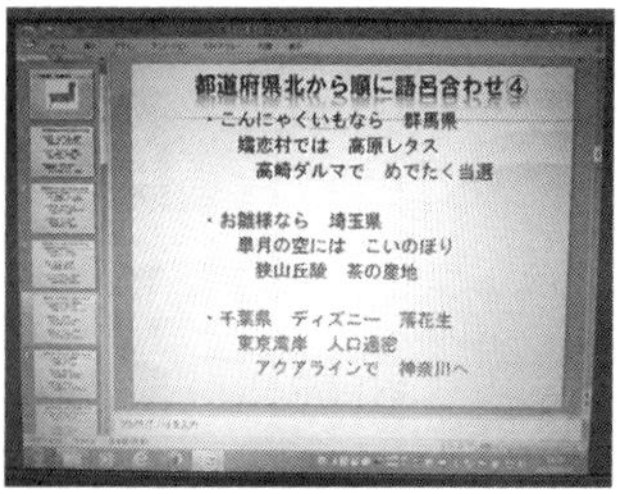

●北海道

「サケ・マス、ジャガイモ、北海道」
「北見に、石狩、日高も走る」
「釧路、湿原、タンチョウヅル」

●青森県

「りんごと、ねぶたで、青森県」
「下北、津軽が、陸奥湾囲み」
「青函、トンネル、一直線」

●岩手県

「南部、鉄器は、岩手の特産」
「三陸、海岸、リアス式」
「やませが、吹いたら、冷害だ」

❸知識を定着させる場面―歴史クイズ

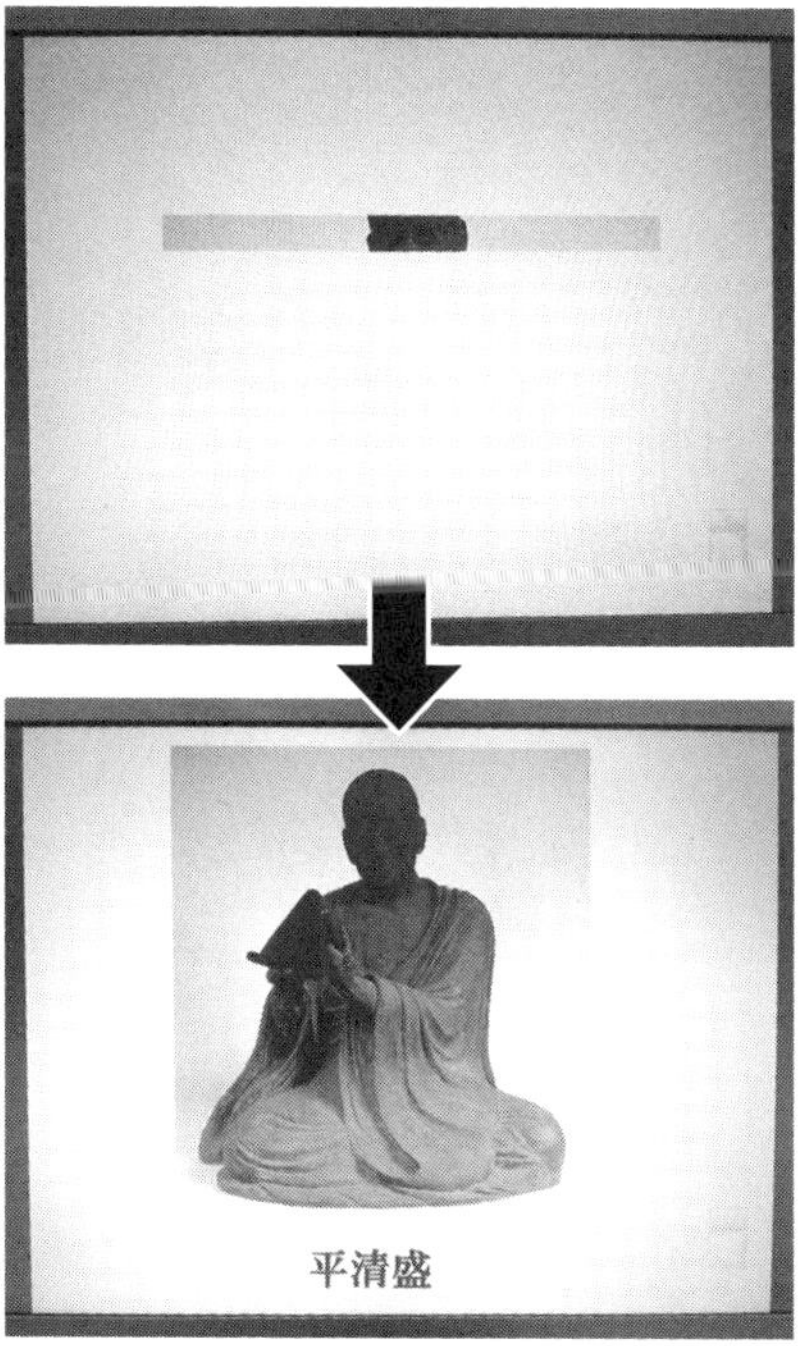

平清盛

歴史人物や歴史的建造物などの**写真や絵図の一部を隠し、クイズ形式で提示**します。

楽しみながら学習でき、特に単元のまとめや学期・学年末に行うと効果的です。

❹資料提示の場面

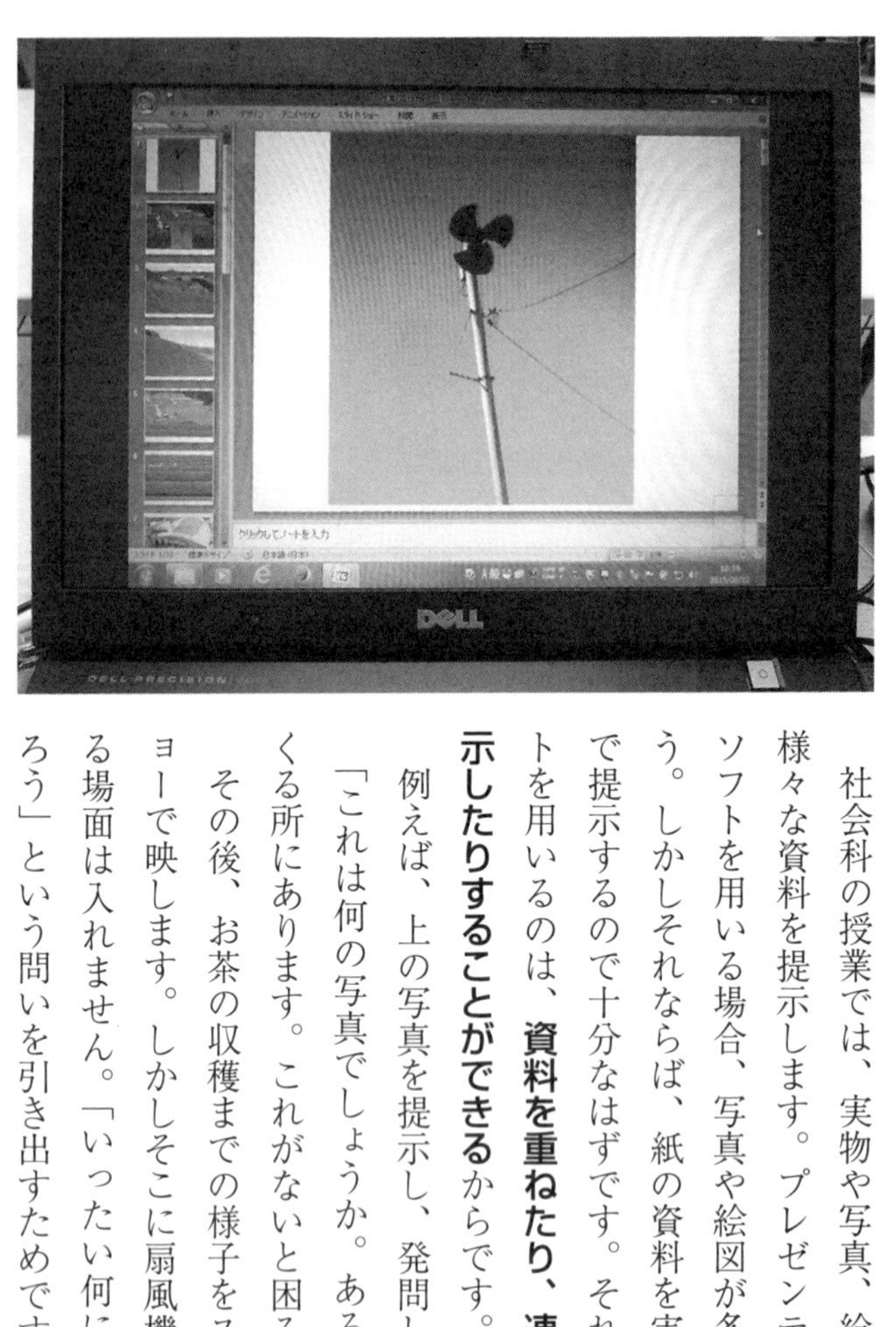

社会科の授業では、実物や写真、絵や図など様々な資料を提示します。プレゼンテーションソフトを用いる場合、写真や絵図が多いでしょう。しかしそれならば、紙の資料を実物投影機で提示するので十分なはずです。それでもソフトを用いるのは、**資料を重ねたり、連続して提示したりすることができる**からです。

例えば、上の写真を提示し、発問します。

「これは何の写真でしょうか。あるものをつくる所にあります。これがないと困るのです」

その後、お茶の収穫までの様子をスライドショーで映します。しかしそこに扇風機が活躍する場面は入れません。「いったい何に使うのだろう」という問いを引き出すためです。

❺板書の場面

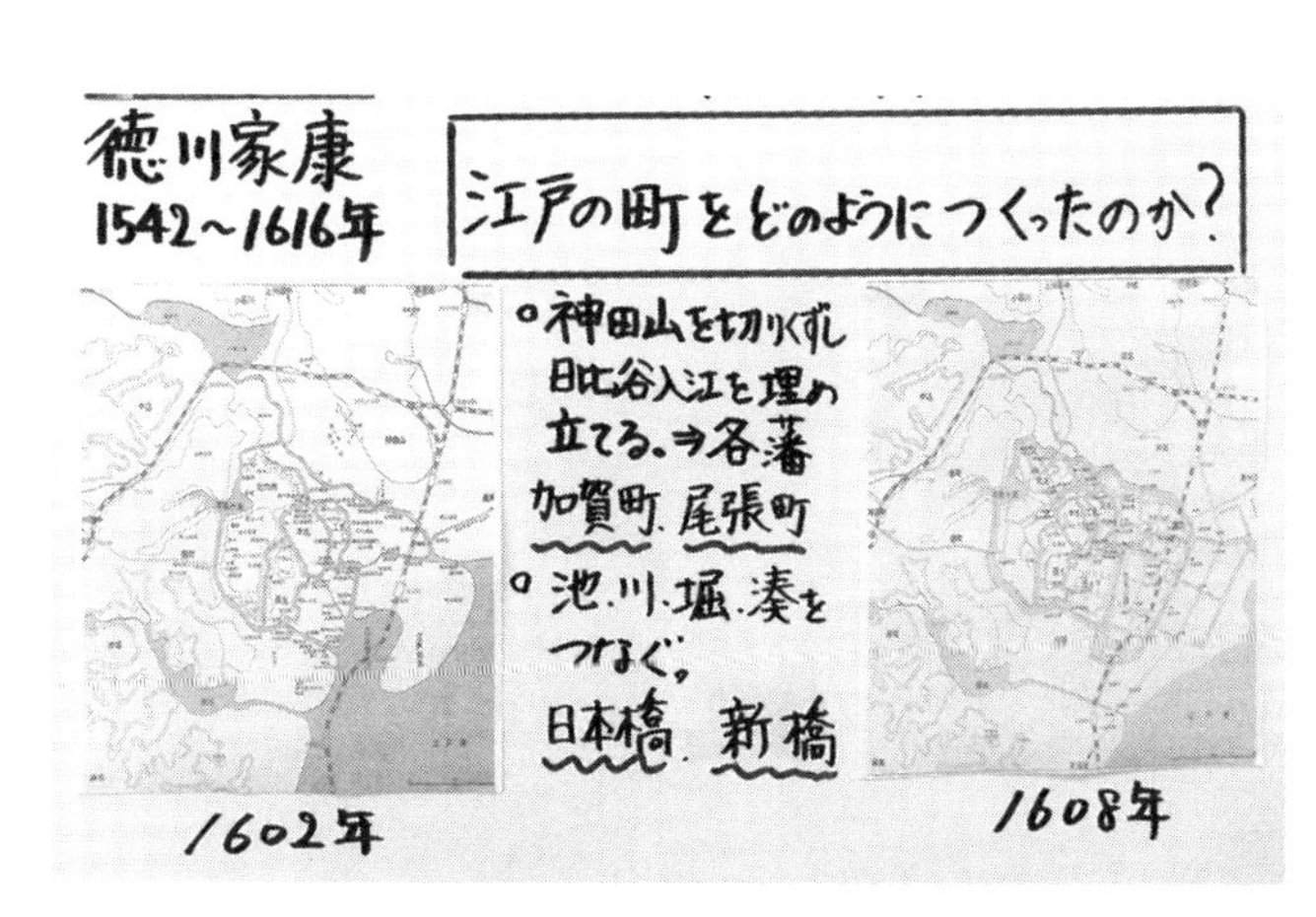

私がプレゼンテーションソフトの活用で一番苦労しているのは、板書です。例えば、前のスライドの資料を黒板上に残しておくことができないので、資料の比較検討が難しくなります。そこで、**スライドと同じ資料をプリントアウトして黒板に貼る**ようにしています。プレゼンで内容を理解しているので、この黒板掲示用の資料は比較的小さくても大丈夫です。

例えば、「（徳川家康は）江戸の町をどのようにつくったのか？」という問いで、年代が違う2つの地図をそれぞれプレゼンで確認した後、プリントアウトした地図を並べて黒板に掲示しました。問題解決の場面では、やはり板書が思考をつなげ、深めます。

プレゼンと板書をしっかりと関連づけることは重要です。

❻見学前の学習場面

見学の事前学習で、子どもの興味や関心を高めたり、調査内容を考えさせたりする場合にもプレゼンテーションソフトが役立ちます。旅行に行く前に、下調べをすると旅が楽しくなるのと同じです。見学前にイメージを膨らませ、「見たい」「調べたい」「行ってみたい」という「たい」をプレゼンで泳がせましょう。

コツは、**前年度に学んだ子どもたちの写真を見せる**ことです。子どもたちからは、「何だろう？　調べてみたい！」「いいなぁ…、買ってみたい！」といった声がたくさん上がります（左は「しば漬けの里、大原をたずねて」の見学学習前に用いたスライドの一部です）。

子どもにプレゼンの基本を指導する

先の東京オリンピック・パラリンピックの招致活動において、印象的なプレゼンテーションが話題になりました。これからの時代、プレゼンテーションのスキルは、自分の思いや願い、考えを多くの人に伝えるうえで必須のものになるはずです。

そこで教師がプレゼンテーションソフトを使うだけでなく、**子どもたちにもわかりやすいプレゼンテーションの基本スキルを身につけさせたい**ものです。

ここからは、プレゼンテーションの指導をする際のポイントを述べていきます。

❶「何を」「どうやって」「だれに」を明確にさせる

プレゼンテーションの目的は、自分の考えや意見、経験をわかりやすく説明し、相手に理解を得ることです。そのために**「何を伝えるのか」「どうやって伝えるのか」「だれに伝えるのか」**の３つを明確にさせます。

❷シナリオの基本型をつかませる

起…相手に興味をもってもらえるような話題を入れる。

承…伝えたいことに方向づける話をして、ペースに引き込む。

転…「えっ？」「うそ！」「ホントに？」「へぇー」と感じさせる話をする。

結…「なるほど！」と納得させる話をする。

❸「読ませる」「見せる」ための工夫を身につけさせる

・**文字の大きさ、フォント、スタイル**などに変化をつける。

・**寒色と暖色などの色づかい**に変化をつける。

❹「聴かせる」ための工夫を身につけさせる

・「…ですよね？」「…はどうですか？」など、**相手に問いかける話し方をする。**

・紙に書いてあることを読むのではなく、**あくまで自分の言葉で話す。**

・声の大きさ、速さ、大小、間などに**変化をつける。**

・強調したいときは、**身ぶり手ぶり**で気持ちを表現する。

授業アプリで能動的な学習を促進する

子どもたちの能動的な学習を支援するツールとして、授業用のアプリを活用する学校が見られるようになりました。勤務校でも、５、６年生が１人１台のタブレットＰＣを持っています。

社会科の授業では、授業アプリを用いて資料を子ども一人ひとりに配信し、意見交換に役立てる授業を行っています。１人に１台端末があると、個から集団へ、集団から個へ、個から個へといった情報交流ができ、見方や考えを可視化するのに役立ちます。**挙手が苦手な子も進んで授業に参加できます。**

【著者紹介】

柳沼　孝一（やぎぬま　こういち）

1966年福島県生まれ
上越教育大学学校教育学部卒業
会津若松市謹教小学校（1988年～）
猪苗代町立市沢小学校（1990年～）
喜多方市立松山小学校（1993年～）
福島大学附属小学校（1997年～）
2008年より立命館小学校

初任校以来，28年間連続で学級担任を務める。
福島大学附属小学校勤務時に有田和正氏との出会いがあり，自身の子ども観，教材観，指導観を問い直す。
現在，京都の地にて28回目の学級担任（３年Ｒ組30名）。

著書
『授業の工夫がひと目でわかる！　小学校社会科板書モデル60』（明治図書）

小学校社会の授業づくり　はじめの一歩

2016年２月初版第１刷刊　Ⓒ著　者　柳　沼　孝　一
発行者　藤　原　光　政
発行所　明治図書出版株式会社
http://www.meijitosho.co.jp
（企画）矢口郁雄（校正）大内奈々子
〒114-0023　東京都北区滝野川7-46-1
振替00160-5-151318　電話03(5907)6701
ご注文窓口　電話03(5907)6668

＊検印省略　組版所　株　式　会　社　カ　シ　ヨ

Printed in Japan　ISBN978-4-18-203254-7